NO TOQUES, ¡CACA...!

- ¿Qué se puede y qué no se puede?

- Si no exploro estoy mal y

- ¿Si exploro qué?

- ¿Cuándo estoy bien?

- ¿Cuándo están bien?

Ernesto L. Figueredo Escobar

EDICIONES PRONOS WORLD

PRONOS
CONSULTORES

Derechos exclusivos reservados para todos los países
@2020, Ernesto L. Figueredo Escobar

Título: **No toques, ¡Caca!**

Autor: Dr. Ernesto L. Figueredo Escobar

Diseño de imágenes: Sarah Michelle Corales León

Edición N°: 1

Fecha: 04 de julio de 2020

ISBN: 978-1-7350276-3-0

Ediciones Pronos World
www.pronosworld.com
Miami, FL. USA

INDICE:

Antecedentes del Autor 5

Prólogo 6

Presentación 11

Introducción 15

Mi llegada. La Justicia y el Amor 17

El Poder: Su Conquista 33

Al Compás de la Palabra 43

Aprendiendo con el Otro 49

Y, Si no Estamos tan Bien, Como Parece 55

Las Emociones y Yo 61

A la Espera de la Comprensión 71

El Final del Juego 81

Ante Todo, la Comunicación 87

Seres Equilibrados 97

¿Quién Soy y Quién Pude Ser? 107

Creativo e Innovador 113

El Camuflaje de la Vida: La Mentira 123

Cría Fama y Nada de Dormir 131

Me Autorregulo o Me Regulan 141

El Profesor y el Aprendiz 153

Hablando de Género 159

Aprender no Implica Sufrir 165

Estereotipos y los Aprendizajes: Un Atentado a la Flexibilidad
171

La Alegría en Casa del Pobre 179

La Diversidad de los Mediadores Sociales 187

Antecedentes del Autor

Ernesto Lázaro Figueredo Escobar, Doctor of Philosophy in Education, Bachelor of Science in Speech-Language Pathology (Josef Silny & Associates, Inc. Internacional Education Consultants EUA, 2009). Académico, Doctor en Ciencias Pedagógicas (Rusia, 1990 y Cuba, 1991), Master of Arts en Pedagogía, especializado en Logopedia (Rusia, 1979).

Founder & CEO de Pronos World. Director General de Pronos Consultores. Presidente de la Fundación Pronos, acreditada ante el Ministerio de Educación de la República de Chile para brindar Asesoría Educacional: Asistencia Técnica Educativa (ATE). A su cargo la dirección de asesorías a Establecimientos de la Educación General (Preescolar, Primaria, Secundaria y Preuniversitaria) y Universidades, para favorecer la implementación de la gestión de los aprendizajes en contextos colaborativos, aplicación de herramientas tecnológicas para la caracterización actitudinal – cognoscente y sociodemográfica de los estudiantes, la planificación integrada y el seguimiento al logro de aprendizajes, desde una postura preventiva y con la aplicación del análisis de cohortes.

Profesional que opera en el Enfoque Ontogénico y el Modelo de Análisis de los Componentes de Actividad de Aprendizaje. Su quehacer se ve reflejado en la creación de Softwares Educativos, Libros Especializados e Investigaciones en la atención de la diversidad de estudiantes con énfasis en el valor agregado en los aprendizajes, como es al Análisis de Cohorte de Estudiantes.

Su obra es utilizada en la formación de especialistas en el campo psicopedagógico y logopédico. Ha generado y participado en eventos científicos nacionales e internacionales. Entre los que en la actualidad se destacan publicaciones en eventos y revistas de Universidades Latinoamericanas.

Prólogo

Dra. Olga González Mesa

Tengo el enorme agrado de presentar este libro. Su autor, no solo es un colega, sino aquel especialista que escribió, uno de los textos, bibliografía obligatoria, de mi proceso formativo. Nada me podía entonces hacer imaginar que, ya sea a través de su obra o de los escenarios que después compartimos, lo iba a sentir como un amigo de y para toda una vida.

Si bien aprecio todo el trabajo realizado por este excelente pedagogo, considero importante confesar mi preferencia por esta última creación y compartirles cómo su lectura, me ha hecho revivir sus más originales y educativas charlas sobre educación. Pues bien, este libro es un paseo ameno por todas aquellas potentes y creativas experiencias, en las que resaltan particularmente su estilo descriptivo y minucioso en detalles, su sentido común y su jocosidad.

Contrastan en este excelente texto la sencillez con la que el autor explica los acontecimientos y la alta complejidad del fenómeno pedagógico que aborda y que no obstante, pone al alcance del disfrute de todos los lectores aún sin conocimientos específicos del tema pedagógico, para comprender sin mayores dificultades el mensaje que transmite.

Para los que hemos tenido el agrado de participar de las clases, capacitaciones, o charlas que Ernesto Figueredo ha ofrecido, es un regalo poder tener en nuestras manos una obra como esta. Aquí, las historias se entrelazan divertidas e instructivamente, como un recreo a la imaginación, que nos permite incursionar pasajes de la vida del autor, invitándonos a volver la mirada hacia nuestras propias historias de vida. Las experiencias, eventos y vivencias que comparte nos facilitan pasearnos desde los aprendizajes esenciales de la Psicología y la Pedagogía, al análisis del fenómeno de la educación, entretejidos con una mirada política y social, donde con inigualable agudeza, se entretejen los bordes de lo real de lo absurdo, con los de lo absurdo de lo real. Y el arte de su expresión asoma una y otra vez, deslizándose de una anécdota a otra, mientras recala en nuestras manos, como buen trigo, un mensaje de enseñanza, expresado en la confianza de la libertad de la expresión genuina y la interpretación de un decir, que se agradece como pensado desde y para nosotros mismos.

Es además un libro lleno de cubanía y de chilenidad, en una redefinición de paisajes, eventos y circunstancias magistralmente dibujados, que develan detalladamente el perfil y la idiosincrasia de la educación que, al margen del escenario geográfico, recuerda un país y una época, compartidos a modo de experiencia de vida.

Para los que no conocían aún al doctor Figueredo, el libro no puede ser mejor carta de presentación. Desde él, se demuestra su aprecio por la dignificación del hombre y su educación emocional, independientemente de su tiempo y de su espacio y deja abierta la posibilidad de reflexionar acerca del rol de la familia en la educación y la enseñanza, desde la mirada de los hijos y los padres, de los docentes y de los estudiantes, de cualquier nivel educacional.

Éste es un libro de obligada consulta para todos, en el que la charla fructífera con nosotros mismos, la búsqueda auténtica de la vocación y de nuestro compromiso con la otredad, encuentran un espacio invaluable. Por tanto, me aventuro a recomendarlo impuesta del mismo sentimiento universal que estoy segura de que acompañó a su autor en todas estas páginas que seguramente servirán, más que para la educación y el perfeccionamiento de esta, para la interpretación de lo que es el amor en la vida, como sentimiento que define o no la existencia como "de caca".

Rememorar la magia que encierran las vivencias experimentadas durante la infancia, posee un poder energético capaz de renovar nuestras vidas como personas adultas.

Definitivamente creo que es así y lo refuerzo después de haber leído este libro que desde su título vocifera libertad, permitiendo a su autor despojar deliberadamente su prosa de ataduras formales y en su lugar, dejarse llevar y compartir con sobrado ingenio, vivencias desde las que nos hace reflexionar acerca de la inevitable y permanente necesidad de los seres humanos por aprender, resaltando a su vez, los desafíos que ininterrumpidamente debe encarar la Educación para responder ajustada y convenientemente a cada uno de esos requerimientos personales.

Desde el inicio, el texto va atrapando al lector; adentrándolo en meditaciones sobre diversos temas e invitándolo a revivir sus propias experiencias de vida, sea para experimentar el goce que ellas provocan o para encontrar respuestas frente a interrogantes aún no descifradas, que podrían explicar posturas y actuaciones presentes.

Las anécdotas; su carga de emociones y las creativas cuotas de humor que encontramos a lo largo de la obra, le otorgan merecida singularidad, dejando entrever que en esta creación, sobresale el ser humano que es en su grandeza y genialidad; desprendiéndose momentáneamente de ese profesional con vasta trayectoria que reconocemos por sus aportaciones, tanto en las publicaciones que tiene en su haber como también, por su dilatada labor como académico universitario.

Luego de haber leído íntegramente el libro, experimenté una placentera sensación que reafirma ese sentimiento de haber vivido también una infancia repleta de eventos vitales que me hicieron ser quien soy hoy, reafirmando mi convicción de que el principal propósito de toda Educación sea de tipo formal, no formal o informal, es la ineludible liberación de las potencialidades inherentes a cada ser humano sobre la base del amor, de la comprensión y de la colaboración.

Agradezco a mi amigo por esta oportunidad concedida y expreso abiertamente mis deseos porque esta nueva obra, sea merecidamente valorada en toda su magnitud.

Presentación

He podido intercambiar sobre el tema del desarrollo de las personas y los procesos de aprendizajes durante muchos años, en la experiencia adquirida a través mi vida profesional.

En ocasiones, ha sido compleja la comunicación por las barreras que imponen los códigos verbales y los matices o sentidos que alcanzan de un contexto a otro. Siempre ha sido relevante encontrar opciones de entendimiento. Hay que partir por aceptar que lo que parece adecuado para unos, para otros pudiera resultar incomprensible.

Nos aferramos a las posturas casi tan enceguecedoras como las ideologías que atrapan a los pueblos y que impregnan el tapiz de la vida de dos colores opuestos: blanco y negro, sin dejar espacios para vivir y disfrutar el arcoíris de la existencia.

He tenido la suerte de intercambiar ideas mediante libros publicados, clases en las universidades, asesorías a profesionales del área de la educación, así como también en eventos científicos nacionales e internacionales. Puedo reconocer el disfrute que provoca escribir un libro; imaginándose a su lector, siempre acompañando cada gesto verbal de la duda que provoca el no saber decir con claridad la idea y el sentimiento que se quiere expresar. Cuesta mucho, es una difícil tarea que arrastra consigo todo tipo de vivencias durante y después de escribir.

Cuando se vuelve a releer lo ya escrito, todavía emergen las inquietudes y en mi caso particular, trato de encontrar los momentos que indican el envejecimiento de mis posturas y las perspectivas nuevas de análisis. Acá se encuentra placer, no así cuando me percato de que no expresé con claridad mis ideas. Siempre me disculpo por lo último y me avivo a seguir aprendiendo.

En nuestro entorno profesional para poder aportar con una idea, método o algo similar, es necesario partir de otros profesionales con elevado reconocimiento o por el contrario, es tildado de autoreferente. Recuerdo una profesora de matemáticas de la ciudad de Gibara, en Cuba que era reconocida porque sus alumnos y alumnas alcanzaban resultados satisfactorios en los aprendizajes. Ella con una mirada pícara, vestida del máximo ego por su labor como maestra, me decía:

- *Mira Figueredo* (mi apellido), *tú sigue hablando de los viejos esos (se refería a Piaget, Vygotsky y otros) que yo voy a seguir enseñando matemáticas a mis estudiantes* (acá soltaba una alegre y prolongada sonrisa)

Es cierto que entre el dicho y el hecho hay un gran trecho. Se agolpan las posturas y nos aferramos a teorías que de cuando en cuando, se imponen como modas y sin darnos cuentas, ni el propio aparato conceptual está suficientemente claro y menos aún cómo, todas esas aparentemente geniales ideas, llevarlas a la práctica.

Nos convertimos en una especie de tecnócratas de la educación, separados del aula y de la riqueza acumulada del que ejecuta esta labor día a día. Se termina siendo parte causal de la paresia en el desarrollo educacional. Una de sus más relevantes expresiones se encuentra, en que con frecuencia los propios profesores no dirigen la educación. Parece que la idea de "zapatero a su zapato", acá no funciona...

Con el tiempo aprendí que, si me decidía a escribir un libro o hacer clases, realizar conferencias era porque tenía algo que intercambiar y debía buscar los recursos comunicacionales que lo permitieran. Es una tarea compleja, pero creo que se puede asumir y salir airoso.

Cuando hice mis primeras clases en una universidad, había escrito un libro de texto sobre Psicología del Lenguaje, amé el proceso, aprendí mientras lograba generalizar información sobre el tema con la finalidad de iniciar la formación de Logopedas en Cuba. Luego, colaboré en el diseño del plan de estudios de la carrera y en particular, del programa de la asignatura, que llevaba el mismo nombre del libro.

Tuve la oportunidad de ser profesor de la indicada asignatura a un grupo de estudiantes de carrera de Logopedia. Uno de mis primeros aprendizajes tuvo lugar cuando intentaba intercambiar sobre los temas comprendidos. Más de una vez me tocó oír, como de casualidad, expresiones como esta: "¡cómo sabe el profesor, no logré entender nada!"

Ya comprenderán mi tristeza al oír cosas como esta. Estaba claro que no lo estaba haciendo bien porque el mensaje no estaba llegando. Se estaba perdiendo el sentido de la comunicación. La idea es, si me decidí a intercambiar con otros era necesario buscar vías para que se cumpliera el cometido comunicacional.

Con la práctica acumulada, me iba dando cuenta de que, en la medida que la experiencia se enriquece, se logra comunicar con mayor sencillez y es capaz de adaptarse a los intereses, expectativas y dominios vivenciales de los interlocutores.

En este libro busco apartarme del rigor científico, de las citas y de cualquier otra atadura, para intentar dialogar desde el lenguaje cotidiano. Sueño con lograrlo y no niego que he podido reencontrarme con mis propias vivencias y disfruto del diálogo que sostengo, con cada uno de ustedes, mientras escribo.

En las conferencias he dramatizado, he jugado con los participantes y he encontrado mucho placer en la improvisación, que le ha conferido emociones positivas a los encuentros. Espero que se logre lo mismo con la lectura del libro "¡No Toques, Caca...! porque más que motivación, es pasión. La pasión te moviliza sin esperar nada a cambio. Sólo con la esperanza de que la frase que lo identifica no tenga lugar en la aventura por conocer de cada niña y niño. Escríbanme, que ya estoy organizando el salón para el siguiente encuentro.

Gracias

El Autor.

Introducción

Este libro persigue intercambiar experiencias por medio de un lenguaje sencillo y sin vestiduras propias de la literatura científica. La idea esencial, es compartir una mirada que contribuya a meditar sobre la relevancia de nuestras acciones educativas con los hijos(as), alumnas(os).

Emergen las reflexiones desde la propia concepción del ser humano y pretende expresar las vivencias desde edades iniciales de la vida, lo que no quita que cada tema pueda verse más allá del momento en que se asume el diálogo y volar hacia el presente, sin paradas que apresen las ideas que fluyen; como queriendo expandirse en cualquier dirección de lo humano.

El protagonista parte desde su niñez para intercambiar experiencias con el lector, buscando presentar el mundo de la educación desde la perspectiva del aprendiz. Como no se ha obligado a ceñirse a un tema de forma estricta, goza del privilegio de llevarlo a diferentes ámbitos de la vida socio cultural, con una orientación a encontrar resonancia en los acontecimientos; que nos toca vivir al día de su edición.

Es un testimonio que intenta ser desde la vida y para la vida, con los matices de las vivencias y subjetividades del propio autor. Es un libro sin ataduras y con la simple fuerza que emana del estar con cada uno de las y los lectoras(es) y por supuesto, impregnado de sus propias percepciones.

De esta forma, se trata de una visión del mundo, el del autor o el de cualquiera, enunciado como "caca", con la firme convicción de que puede no ser así, si la libertad se aferra a la vida, a través de la educación y la gracia divina de Dios. Ofreciéndolo como un llamado a ponerse en lugar de lo que les toca vivir a niñas, niños y jóvenes con los adultos, sólo con la idea de ayudar a ser mejores padres, madres y educadores.

Una búsqueda de cambio de mirada sobre la educación en la familia, la escuela y la sociedad en general.

Mi llegada. La Justicia y el Amor

Estaban cerca y cada vez más cerca. Todo empezó por un intercambio de miradas. Un encuentro fortuito que conspiró, para que las distancias se acortaran. Sé que quiero hablar de mí, pero me convence la idea de que, en esos sucesos yo no era inspiración, ni motivo de conversación.

Aunque claro estoy, que siempre implícito, subyacente en cualquier acto de emocionalidades ampliadas, está latente el instinto de conservación y reproducción de la especie. Ellos no estaban conscientes de lo último y, yo no tenía opción protagónica alguna. Pero bueno, acá ya estoy.

En el resumen de los hechos concebidos, aparezco yo como protagonista durante 9 meses. Estaba literalmente sumergido en un mundo avivado por cambios y creciente vigencia mediante golpes y patadas, generadoras del más agradable masoquismo vital en mi madre. Al final llegué.

Aquí empieza el primer dilema existencial. Defenderé mi postura. No tuve implicación en la decisión de los involucrados. No participé en la convergencia amorosa que tuvo lugar. Además, tengo claro que soy el fruto de una relación amorosa nocturna.

Soy hijo de la noche y la felicidad que genera tal sentimiento en el acercamiento físico. No obstante, de vez en vez, me demostrarían que mi comportamiento social no estaba acorde con el sacrificio que ellos hacían, para que me fuera bien en la vida.

Los padres pueden darlo todo por sus hijos, pero no es factible que deba darse una relación costo – beneficio. Lo único que puede ser común es la meta de la felicidad, la honra y por supuesto que no falte el amor. Esto debe ser común a todos, aunque nos agobié la búsqueda incesante del éxito.

Son muchos los momentos de frustraciones que se agolparon durante mi vida y a lo mejor como eran tantos, se atropellaron entre sí, como dice la canción cubana y finalmente pude seguir adelante.

Recuerdo que, en ocasión de haber recibido una nota baja en una evaluación de la asignatura matemáticas, le pregunté al profesor sobre los resultados y me dijo que me había ido mal; y con cierto tono de frustración por mi bajo rendimiento. No sabía cómo llegar a la casa. Gracias a Dios tenía autonomía para moverme por mis pies, eso facilitaba transitar a la velocidad más baja posible...

Pero mi madre estaba alerta, a la espera de mi llegada y no hice más que cruzar el umbral de la puerta de la casa y vino la pregunta: ¿cómo te fue en la prueba? De inmediato traté de reorientar su atención y le empecé a hablar sobre mi amigo Benito que lo había visto de camino a la casa, pero mi táctica no rindió frutos y tuve que confesar que los resultados eran bajos, los no deseados y ahí empezó el discurso de reproche: "y *nosotros que vivimos para ti, que lo único que te pedimos es que estudies y ni eso haces bien. ¿Desde cuándo no vamos ni al cine?, ¡dedicados todo el tiempo a ti!*"

Esto desata mucho dolor, no resulta muy cómodo para nadie. La verdad que era una escena algo repetida, no puedo negar que había alcanzado un nivel de especialidad en el rubro que nos asiste. Aportaba insumos para estas situaciones con bastante frecuencia. No era para menos. Pero, ¿qué pasa con la familia y la sociedad en general? ¿por qué a la hora de juzgar, tenemos una vara tan corta, que solo sirve para medir al otro y no a nosotros? Pensé, pero no lo dije ni al profesor ni a mi madre lo siguiente:

A mi profesor: "profesor debió demostrar que a usted también le fue mal porque mis éxitos y logros los comparto con usted. Es tarea de los dos. Debemos revisar lo que estamos haciendo de forma conjunta.

Quizás no me estaba enseñando, como yo aprendo o lo que puedo aprender... Recuerde que yo no decidí ni que se enseña, ni que método aplica".

A mi madre: "madre mía, debiste preguntarme cómo nos había ido en la prueba. Recuerda que me viste estudiar e incluso por momentos me ayudaste. No sólo se comparten las alegrías, también las frustraciones. Nada es perfecto en esta vida. Hay que orientarse hacia la solución de los problemas y no ahogarse en ellos. Luego añadí, es decir lo pensé: no tuve participación en la decisión de mi engendramiento, no pedí nacer y soy el fruto de una noche de amor..."

Pero, no me atreví a decir lo que pensaba y luego lo que viene es muy común. Ya saben que es lo que tipifica la situación: el castigo y los compromisos rotos. Parecía que el amor había que comprarlo con los resultados que uno alcanzara. El criterio de felicidad dependía de logros y no de la simple afiliación existencial, bajo metas comunes.

No quiero dejar de reconocer que tuve la sensación de la relevancia del empeño, de la perseverancia en mi formación. Recuerdo que mi padre me llevaba al bosque y me hacía cruzar un palo por la cañada. Lo hice tantas veces como me caí, que fueron muchas.

Mi padre insistía en que volviera a intentarlo, que la clave estaba en querer hacerlo, en buscar la vía que permitiera el triunfo y me hacía demostraciones para que lo lograra. Él también se caía y nos reíamos.

No somos infalibles y hay que comprender las razones de los errores y desaciertos para alcanzar resultados. Es más fácil aprender a través de demostraciones prácticas. Entre el dicho y el hecho hay un gran trecho (sabiduría popular).

Acá estaba teniendo lugar una sincronización de emociones. Imitaba a mi padre y disfrutábamos en conjunto nuestros logros y desaciertos. Es muy propicio hacer lo que otros hacen, se trata de identidad social. Estar en una relación coherente de metas comunes, aumenta las posibilidades de alcanzar el éxito.

Estando en el sexto básico, a la profesora se le ocurrió que yo podía participar en una competencia de la asignatura de Biología a desarrollarse entre nuestra escuela y otra aledaña. Fue una mala idea que coronó con mucha frustración, ya que, gracias a mí, y esto fue muy claro para todos; salimos derrotados.

Siento mucho que se equivocaran con la elección. Parecía que vencer era más importante que participar y poner empeño ante las tareas. La sociedad se esmera en premiar el logro y no el esfuerzo y la dedicación.

Entiendo el sentido de la competencia en el emprendimiento humano, creo que faltó hacer más énfasis en la relevancia de la cooperación en los logros que se alcanzan, más allá de ganar o perder como equipo. Al final quizás en algo contribuí, al menos se ejercitaban cuando intentaban explicarme…

Recuerdo el reproche recibido por la mala decisión tomada al elegirme. Nunca se hizo una valoración sobre las responsabilidades en lo que había sucedido y volví a mi silla al final de la clase. Miré a la pared trasera del aula, como pidiéndole que se corriera un poco más atrás, para alejarme de los apenados y frustrados por mi culpa…

Había expectativas no cumplidas y se presentaron sobrerreacciones. En mi caso, podía huir, enfrentar la situación o congelar mi cuerpo a lo lejos. Elegí la última opción indicada. Al final todas han permitido que existamos hasta el día de hoy como especie humana.

La competencia y la colaboración deben ir de la mano. Años después, ya adulto, un amigo me decía que cuando una persona gana en una empresa, hay otra que pierde. No considero que tenga que ser así. Cuando una persona gana, otra quizás gane igual, menos o no gane, pero no necesariamente debe perder. Creo que se pudo valorar, en aquella competencia de Biología, que fue lo que se ganó en aprendizajes, en lugar de quedarse atrapados en la derrota.

No creo que sea casual que las empresas que tienen objetos comunes en sus negocios se aglutinen en los mismos lugares. Compiten y aprenden unos de otros de forma espontánea, desde la propia práctica. La exploración del espacio extraterrestre es una muestra fehaciente de la colaboración, implicando investigaciones científicas compartidas por diferentes naciones. Creo que los que compiten deben cooperar.

Mis mejoras llegaron desde las emociones. De eso estoy muy seguro. No fue el cinturón de mi madre el que me hizo comer, ni los golpes con la regla que enrojecían mis brazos y manos, los que me hicieron aprender, aún menos el guayo (rallador) del rincón sobre el que mis rodillas encontraban frecuentemente la posibilidad de calcar sus afiladas puntas, que llegaban por momentos a sacar de mí, al menos sangre en un entorno escolar...

Puedo decir lo mismo de los premios, que fueron poco frecuentes y de bajo impacto. Ya está clara la razón. No obstante, el amor incondicional de una profesora, que sufrió al ver que, sentado en un aula me asaltaba el aburrimiento y que no moverme durante las clases era el peor castigo.

Sólo mi indisciplina al querer hacer de la sala de clase un salón de baile, demostraba que algo hacía bien. Me destacaba bailando y también, jugando baloncesto. Ella asumió que mis tareas debían ser cortas y con cambios de actividad. Los apoyos brindados dieron sus frutos: mejoré la expresión oral, amplié el vocabulario y las operaciones de cálculos matemáticos comenzaron a ser más rápidas y precisas. ¿Cómo el citado profesor de matemáticas habría explicado estos logros?

De hecho, a través de estas dos actividades (baile y baloncesto) socialmente reconocidas y valoradas llegó el reconocimiento y, pude expresar otras virtudes ante mis compañeros.

No quiero presentar un camino de éxitos. Bueno, es imposible. Cada nueva etapa llevaba nuevos matices. Simplemente, las nuevas interacciones se presentaban en contextos cambiantes, pero seguía aferrado a la etiqueta de la frustración en los aprendizajes.

En la sociedad aprendí que es más fácil ver lo malo que lo bueno, lo que nos diferencia que lo que nos une. Por lo general, cuesta más que exista reconocimiento a las virtudes. No obstante, la vida me ha demostrado que hay posibilidades para que todos puedan recibir algún reconocimiento. No hay que esperar a contextos post mortem para decir lo bueno que eran las personas...

La sociedad y en particular el sistema educacional, es posible que algún día abandonen las calificaciones y encuentren más espacio para indicar logros y nuevas metas de aprendizajes.

En mis primeros años de vida, fue bueno que no existieran los equipos multidisciplinarios que podían decidir si una persona era o no poseedora de discapacidad. Me salvé por eso. Mi destino hubiese sido ensombrecido por una etiqueta. Claro, lo más probable es que ninguno de estos profesionales, emitiría el diagnóstico de limítrofe o discapacitado intelectual con respecto a su progenitor. Pero no era mi caso. Estoy muy contento de que no existieran para la época.

En todo caso, tengo fe que más temprano que tarde, desaparecerá ese fatal legado de medir la inteligencia de un sujeto, como si ésta fuera un objeto invariable o un proceso estático, obviando múltiples variables socio-históricas, culturales y contextuales, que interactúan dentro de cada grupo humano y que sin duda alguna, develan subjetividad con ese afán insaciable de medir con el propósito de colocar rótulos o etiquetas; que buscan justificar la existencia de Necesidades Metodológicas y Socio-culturales Especiales.

La educación fue de menos a más con la inclusión de la diversidad humana. Estando de visita en una escuela especial, quedé impactado ante las etiquetas añadidas a cada estudiante. En un mural, cada uno de ellos y su diagnóstico en calidad de sobrenombre: déficit atencional, retardo mental y otros similares...

Que levanten las manos los niños del programa de integración, indicó el profesor del aula, al recibir a unos visitantes en un colegio público. Me hizo recordar al hombre que vociferó en medio de un salón de baile en apoyo a uno de los bailadores:

- "Baila, demuestra lo bueno que eres bailando, que los zapatos los puedes romper porque yo te los presté..."

El bailarín quedó petrificado y hasta ahí llegó el baile. Lo principal, es participar en el baile de la vida y sentir que se puede, sin que lo que predomine sea la condición que lleva a recibir apoyos individualizados. Que se pueda bailar y disfrutar el baile...

En la atención a la diversidad por razones de insuficiencias en el desarrollo psicofísico se les atendía desde el déficit. Luego se rompió con esa mirada clínica y se empezó a hablar de necesidades educativas especiales, se inhibe el término tratamiento y se incorpora el concepto "apoyo". Se sigue hablando de lo que otros hacen para favorecer los aprendizajes de la diversidad y la inclusión a la vida en general, pero no se perfilan las metas a cumplir por el aprendiz. Tendrá que seguir mejorando el asunto. Hay que ser optimista.

La evaluación diagnóstica, debiera renunciar a la identificación de 'posibles problemas' para avanzar hacia la búsqueda conjunta de ayudas, apoyos y servicios que favorezcan el acceso, la permanencia y el progreso de cada estudiante desde una mirada integral o multidimensional.

Se trata de transitar a la evaluación de impacto de lo que se hace por la inclusión a la vida social activa de la diversidad humana.

La sociedad está llena de etiquetas, algunas hasta se ponen de moda. En los años de la década del 2000, casi confería estatus social decir: "tengo déficit atencional y consumo Ritalín por siempre". Se podía como dar a entender que pertenecía a una familia con cierto nivel económico.

Las etiquetas se cargan de por vida. Si la sociedad las olvida y llegamos a deslumbrar con éxitos, estarán los periodistas asechando para ver cómo despeinan con alguna pifia del pasado al ser en cuestión. Cuesta imaginarse cómo es posible que un decreto de un ministerio de educación diga que un niño puede ser "retrasado mental" por razones culturales. Realmente, es factible decretar la brecha cultural de la sociedad, que retrasa el desarrollo de la población, pero no es inherente a la persona tamaña condición y que deviene en total injusticia.

A propósito de lo anterior, pensemos por un lado en un niño masai mara de 9 años que vive en la región del Serengueti y que día tras día, ayuda a su familia en el pastoreo de cabras.

Si se le aplicara una prueba estandarizada, probablemente su diagnóstico daría por "debajo de la norma". Por otro lado, tenemos a un niño holandés también de 9 años que vive en un departamento ubicado en un lugar céntrico de Ámsterdam y que su puntaje de Coeficiente Intelectual, indica que se encuentra por encima de la norma.

Primera interrogante: teniendo en cuenta que dicho territorio africano concentra una de las mayores poblaciones de leones, rinocerontes negros, guepardos; entre otros depredadores en estado salvaje, ¿podría sobrevivir ese niño holandés una semana realizando las mismas actividades que el niño masai? Segunda interrogante: ¿se mantendría su coeficiente de inteligencia por sobre la norma en ese contexto?

En resumen, valorar la inteligencia trasciende las capacidades para 'pasar satisfactoriamente una evaluación estandarizada' y se expande a otras dimensiones, incluyendo variables contextuales (ambientales y culturales).

En este ejemplo, la capacidad de adaptación e interacción con el entorno llevaría a pensar que el niño masai mara tendría ventaja respecto del holandés, pasando a estar 'por sobre la norma' en caso de que se le evaluara, considerando el contexto socio - histórico - cultural y geográfico, donde nació y se desenvuelve. De igual manera, sucedería con el niño masai en el contexto de Holanda. Las inteligencias son múltiples como lo son los contextos en que nos orientamos para resolver problemas.

Volviendo al Ritalín, estaba convencido de que lo más pertinente era repartirlo entre la familia, los profesores y el estudiante. Necesitamos una sociedad más justa, que permita esclarecer las responsabilidades compartidas. En particular se destaca la ausencia de los padres, que contemplan a sus hijos durmiendo porque salen temprano y llegan tarde a la casa. Gracias al sábado y al domingo se aumentan las posibilidades de interacción. Y hay que decirlo, tampoco estos días están disponibles para todos y todas.

Hoy, ante una pandemia en que los convivientes estén realmente juntos como nunca; será un momento que trascienda para encontrar en la familia la relación que fertiliza el amor y permita ver con más precisión las huellas del tiempo, en los rostros de nuestros seres queridos. Tenemos una tarea pendiente en relación con las consecuencias de lo que vive la humanidad. Mientras la tierra respira ante el freno a nuestro ímpetu, estamos como nunca en el núcleo de la familia.

Todos dicen que la familia tiene el principal rol en la formación de los hijos e hijas. Me parece bien, pero hasta ahora nadie ha creado el método de educación familiar a distancia y menos que se envasen cápsulas de amor para que los niños y las niñas la tomen con el desayuno diario. Mientras que el tiempo de estancia en los colegios cada vez va en aumento, aún no tenemos clara la efectividad de la proporción de que, a más tiempo en la escuela, mejores resultados. La escuela brinda el contexto de las relaciones sociales de un valor inconmensurable para el desarrollo.

Hay que observar el impacto de la teleeducación actual en los aprendizajes de las niñas, niños y jóvenes. Esta teniendo lugar sin preparación previa de ninguna naturaleza (espacio, infraestructura y disponibilidad de recursos tecnológicos), en convergencia con el teletrabajo y tensiones emocionales que vive la humanidad en general. No es la mejor vía para repensar la educación, pero la tecnología comunicacional ha sido nuestra mejor aliada para seguir adelante y seguro dará paso a nuevas innovaciones. A la presencialidad está claro que volveremos con los matices de la experiencia adquirida.

Volviendo a mi educación, todavía recuerdo que llegó el momento que me dejaron en un lugar para que aprendiera. Mi madre, entre risas, me decía de vez en vez, que cuando me llevaba bien temprano en la mañana al Jardín Infantil, yo le pedía a la educadora que me diera "la papa" y así podía regresar a casa con mi madre. Esto, porque tenía la asociación que después de almorzar, me venían a buscar. Entonces, desde esa ingenuidad pura, prefería un almuerzo de desayuno, que quedar mucho tiempo encerrado en un salón.

Costaba entender que no pudiera ocurrir dicha tarea de aprender en el hogar. Reconozco que me sentía cómodo sobre las piernas de mi abuela materna. Me sorprendía, que siendo tan delgada pudiera soportarme tanto tiempo. Los abuelos y abuelas estaban vigentes en nuestras vidas, ahora cuesta verlos porque viven lejos o trabajan hasta muy avanzada edad.

Los seres humanos viven más, pero al parecer, para dedicar más tiempo al trabajo. Mejor sería que ayudaran en la educación de las nuevas generaciones. De paso, sería una buena opción para evitar el deterioro de la calidad de vida en las personas de la tercera edad.

La sabiduría de la edad es la caja que se abre para irradiar amor, que es lo que escasea en la escuela y de paso, la posibilidad de resolver problemas en conjunto, utilizando la experiencia acumulada por los años. Debo añadir que mi madre veía riesgos existenciales para mi integridad en todas partes. Su postura era que para creer en Dios no había que ir a la iglesia; recinto que incluso no está citado en la biblia, afirmaba ella. Creo que lo más importante, es que tenía fe y sentía amor por el prójimo.

Dios mandó a su hijo con un mensaje. Fielmente Jesús lo cumplió y dejó a Pedro y luego otros le sucedieron, que en esa misma trayectoria se persevera en la idea de que se conserven las raíces del mensaje, que en esencia se perfila desde el amor y para el amor.

Mientras que los problemas religiosos continúan desencadenando dolor y frustración en la humanidad. No obstante, se sigue buscando al Señor en las iglesias y "lobos solitarios" depredan el espacio de sosiego.

Una amiga afirma que la iglesia es divina. Suena bien como morada del Señor y sus ovejas líderes que se descarrilan desde su propio interior de cuando en cuando. A mi juicio, siempre estamos necesitados de apoyos externos. Mientras más nos alejamos de nosotros, del yo interno, más débiles somos y necesitamos de sostén externo para sobrevivir.

Los que están alrededor, son psicólogos, médicos, abogados, políticos, representantes de las religiones; entre otros. La divinidad, se configura en que están para cobijar nuestra debilidad y así pasarla lo mejor posible con la existencia física, espiritual y material.

En el caso particular de la religión católica, por ejemplo, orientarnos con esperanzas, fruto del cultivo del pecado purificado, para subir al cielo. Al final, se deja atrás la vida terrenal, buena preparación para el tránsito a la vida eterna. Suena bien, nada que decir.

Lo que no se puede perder de vista es la necesidad de articularse con el entorno y con los demás para conseguir un mayor equilibrio social y natural. No sólo se trata de lograr esa nueva eterna vida, sino de hacer posible la vida terrenal.

Cuando los problemas que desatan el odio están en la mente del que la ejecuta por las razones que sea; detrás siempre estará el brazo del que ostenta el poder y lo cultiva para conseguir conservarlo. La opción opuesta, está en la divina presencia de una educación de calidad, orientada a que los seres humanos piensen de manera autónoma, pero con la sólida envestidura que confiere el amor.

Lo ideal es que exista amor y vivamos en él. Amémonos. Cuando me atrevo a decir que soy parte de Dios, es porque estoy hecho a su semejanza, habita en mí y respondo a su solicitud de amar a los otros como Él me ama. Al final, es vivir en el amor y la generación de emociones positivas en el entorno. ¡He acá la justicia divina!

Mezclar el amor y la justicia nos hace mejores personas.

"Ser cultos para ser libres"

José Martí (1853-1895)

Al llegar, lloré y luego supe que eso estaba bien. Se fueron especializando en interpretar mis necesidades y yo de paso, aprendía lo que se podía lograr por este medio. Mientras más claro me quedaba la relevancia de llorar, pues lloraba más cuando lo necesitaba.

Con el tiempo me percataba de que mis llantos y gritos mientras más agudos fueran por sus tonos, mayor nivel de logros alcanzaba. Cada vez iba consiguiendo mayores éxitos en el cumplimiento de mis metas...

Los sonidos agudos viajan más rápido que los bajos y activan sobre el peligro inminente. Genera excitación y sobresalto en quienes los escuchan. Esto no lo deben descuidar, en particular los profesionales del habla, para que logren comunicarse de forma efectiva con sus interlocutores.

No llevaba dos semanas de vida, cuando me hablaban con tonos bajos, me sentía bien. Al mes disfrutaba como nadie una canción llamada de "cuna". Era dable a inclinar la cabeza en dirección al que me hablaba. Ya con 8 meses, encontraba a mi progenitora cuando me preguntaban por ella.

Esto generaba mucha felicidad en los presentes y frustración cuando no lograba entender fuera de la situación acostumbrada. Así es la vida, cuando a las personas las comprenden todo marcha de maravillas. En este caso, estaban apurados por evidenciar mis éxitos. No era yo, si no lo que yo podía demostrar que era.

Sólo comprendía cuando las personas cercanas me hablaban, con voz y entonación acostumbrada, su vestimenta, el lugar y la situación en que se ubicaba mi cuerpo. Todo dentro de un contexto. Sentía que lo más importante era la entonación. Eso lo supe con más claridad cuando me narraban el cuento de la caperucita roja y el lobo. La suave entonación me ayudaba a identificar a caperucita como buena. El lobo se asociaba a una voz de tonos bajos.

Durante mucho tiempo estuve dedicado a dormir, comer y siempre sin claros avisos retroalimentaba sobre la expulsión de desechos. Mis necesidades de ingerir alimentos las expresaba de forma más vehemente, que las relacionadas con mi higiene. Los más expertos podían detectar a la distancia si había restos acumulados, otros debían palpar y a veces pesar la carga de la envoltura. Los menos diestros, pero afines y dispuestos al sacrificio, podían llegar hasta oler el envoltorio lo más cerca posible.

A partir de los dos años la hija de un amigo comenzó su entrenamiento para empezar a usar la bacinica. No fue tarea fácil para la madre. La niña incorporó "caca" como recurso para indicar que quería cumplir con el cometido, pero a veces no lo hacía. Por mucho que le insistían sentada en la misma no procedía y luego sentada en la silla del auto, se relajaba, y lo hacía, dejando frustrada a su madre.

Así es el asunto. Nada se logra de un día para otro y es necesario perseverar. Ya hacia el tercer año se eliminaron estas complicaciones, pero siempre es necesario estar ecuánime y comprender las irregularidades del desarrollo.

Con el tiempo, sumé seguidores por oportunas sonrisas, entrega abrazos acogedores e inesperadas ocurrencias. Estaban apareciendo otros recursos para lograr mis fines. No me podía quejar, me iba muy bien.

Gané empatía con mis gestos y mímicas. Logré vencer la distancia y llegar a objetos y espacios deseados. No me llevaban, yo llevaba. El mundo a mis pies...No tenía necesidad de hablar, pero siempre se hablaba y se alegraban por todos mis intentos sonoros. Cuando estaba satisfecho, el gorjeo era fiesta. Todos me imitaban. Apenas balbuceé y ya le puse nombres a más de uno. Mi tía se convirtió en "tita" y me vecino Manolo en "Cucu". ¿Cuánto poder tenía?, más que un Rey...

Fui afortunado al apurarme en repetir /papapa.../ y /mamama.../ frente a los protagonistas iniciales de lo que me inspira a conversar con ustedes. Las emociones impregnaban el ambiente y siempre que podía volver a sentir mi "casa" de origen me albergaba la tranquilidad, me sentía más seguro. Es bueno poder volver a los orígenes. Mi madre siempre estaba lista para llevarme a sus brazos. Gocé por eso.

Trataba de que me fuera bien con mis sonoridades, pero me daba cuenta de que me iba mejor entendiendo lo que me decían, que al resto comprendiéndome. Esto provocaba desvelo de ambas partes, pero la intuición y la disposición a encontrar la solución fueron de gran apoyo. Las emociones siempre acudían en nuestra ayuda.

Los gestos, la mímica facial me daban la oportunidad de ganar seguidores y más de uno se vanagloriaba indicando que se los debía a ellos. El guiño del ojo, un atributo de mi abuelo paterno, la palmeta de la abuela materna, el unir la cabeza con el hombro, en señal de cariño, del abuelo materno y esconderme detrás de mis manos cerrando los ojos, bueno un aporte de mi padre.

El llanto y la sonrisa fueron mis aportes junto con todo mi activismo motriz. Mi madre como nadie, tenía una intuición tremenda para comprenderme. Nada más que con un simple movimiento o gesto podía llevarla a afirmar, por ejemplo: "es que tiene hambre". Lloraba porque tenía hambre y mi madre me daba de comer. ¡Qué suerte tuve! Luego seguimos cultivando tal interacción con el aumento de mis verbalizaciones.

Ya para el año de vida, podía ir comprendiendo lo que me decían, aunque me hablaran distintas personas y en diversos lugares. Ahora sí, con alguna inestabilidad ocasional. Bueno me estaba yendo cada vez mejor.

Con dos años sabía comportarme como un artista en las tablas. Bailaba y cantaba a fuerza de imitar mis personajes favoritos y luego me detenía y aplaudía mirando a los presentes, que de inmediato me seguían con sus aplausos y sonoridades llenas de orgullo, satisfacción y asombro por lo que hacía. Todo un showman.

No sólo hacía que se cumplieran mis deseos por medio de llevar de la mano a la persona que me acompañaba, o señalando con el dedo índice, ahora podía, dando palmaditas en el piso, conseguir que mi papá se sentara junto a mí para jugar. Mis palabras empezaban a unirse a otras, donde el verbo era el de más frecuente uso.

Cuando iba a comer, se trataba de comer y comer. Sé que otros casos de seres como yo, la cuchara se vuelve un avión que aterriza en la boca para descargar en ella. En ocasiones se comparte de la misma cuchara un poquito para cada uno de los implicados: el que alimenta y el alimentado. Frecuentemente acompañado de "¡que rico!" y otras verbalizaciones similares. En mi caso, no era así: comía o no comía. No había espacio para más.

Es una desventaja que no podamos decidir quiénes nos educan y cómo nos educan. Quizás son los primeros pasos hacia el autoritarismo o la benevolencia al interior del hogar, luego en la escuela y en toda la sociedad en general encontramos el dilema. En particular, en relación con los gobernantes encerrados en la sapiencia absoluta del yo, que los acorrala para empobrecer a sus pueblos. Lo peor es que sucedió, sucede y seguirá sucediendo.

Bueno, a lo mejor si mejoramos la calidad de la educación pueda cambiarse el asunto. El individualismo atrapa en la imagen propia del espejo de la sociedad, que refleja que se es la persona apropiada para dirigir e incluso, llegar a creerse que se es el mecías y por tanto, tiene que seguir gobernando cueste lo que cueste porque en su interior, jura y perjura que 'su misión en este mundo', es defender a los que cree indefensos, pese a no haberles consultado previamente o no reparar en que nadie se lo ha pedido.

Así aparecen los líderes que luchan contra un dictador y se constituyen en dictadores. También el dictador que impide que tenga lugar otra dictadura ideológicamente distinta a la de él.

Los que imponen arrancar flores de los jardines para sembrar marañón, o llenar de plumas las calles al trasladar las aves de un matadero lejano a otro para cumplir con metas de producción de carne avícola, que sólo se fijaron por medio de ideas absolutas de un absoluto pensador. Es la divina trágica comedia que sigue existiendo y asistiendo a los pueblos, que mientras más desinformados se mantengan de lo que acontece en otras naciones, más oportunidades tendrán esos gobernantes para preservar su sometimiento.

Siempre ante lo expuesto, está la posibilidad del cambio. En mis tiempos, por ejemplo, los cambios a la luz de la ciencia eran menos frecuentes y predominaba la sabiduría de los años. Se hacía lo que indicaba, por ejemplo, la abuela. Ahora no, de momento comer huevo es malo y al tiempo se demuestra que es bueno. Los niños hasta el año no deben comer carne y ahora se dice que debe ser antes del año.

Recientemente indicaron que dormir poco acelera la aparición del alzheimer. También lo es dormir mucho. Pobres osos. Hay que alertarlos al respecto.

Es difícil representarse en la comunidad primitiva un grupo de vegetarianos rodeados de la más fértil naturaleza y unos pocos de ellos cazando animales para conservar la especie...Lo que aceleró el desarrollo de la especie fue el consumo de carne y sobre todo, cuando se empezó a cocer con la aplicación del fuego.

En general todo cambia, pero hay cosas que a la fecha no tienen opción de cambio. Así, por ejemplo no elegimos a nuestras familias. Al que le tocó, le tocó. Pero, sí elegimos a los gobernantes, aunque estos últimos hacen trampas y le venden el alma al diablo, a Odebrecht y a otros similares. Los peores, son los que asumen la ideología para reprimir a sus pueblos y consagrarse, a través de la distribución de pobreza, en el poder eterno.

Más que riqueza y ostentación, estos autodefinidos líderes, lo que persiguen, en su delirio mesiánico, es la perpetuidad en el poder. Con todo, de igual forma la opulencia y el bienestar, son ingredientes indivisibles del poderío que ejercen estas pseudo autoridades.

Como dice el viejo refrán: "es una batalla entre león y mono, pero que conste, el mono estará amarrado"

Esto, a lo mejor quiere indicar que elegir a la familia al final, quizás podría ser igual de mal...Nadie puede decir nada al respecto. Lo fundamental, es que exista un equilibrio entre autoridad y permisibilidad. Se trata de dar a la cultura del poder un contexto democrático. Quizás para cambiar la actitud de los gobernantes, deberíamos cambiar la educación al interior de la familia, en las relaciones profesor - estudiante en la escuela. Es una lástima la lentitud de los cambios en los sistemas educacionales.

La clave está en lograr amar y pensar, como ya precisé. Si no se ama somos odiosos con los demás, incluso con uno mismo. Si no se piensa, otros pensarán por nosotros para subyugarnos. El acceso a cultura es piedra angular para la plena libertad que nos hace autónomos, innovadores y creativos; siempre desde el amor. Cabe la duda si en realidad los gobernantes quieren que las grandes masas accedan a cultura. A los ignorantes es más fácil dominarlos.

Como dice el viejo refrán cuya autoría se pierde en la historia de la humanidad: "miente, miente, miente que algo quedará". En este contexto, también calza muy bien la frase: 'desinforma, intimida, adoctrina a tu conveniencia y gozarás del control absoluto'.

Hay un profundo cambio generacional, los niños nacen insertos en las tecnologías de la comunicación, disfrutan de una amplia interacción global sin barreras territoriales e interacciones culturales inconmensurables. La ciencia y la tecnología ya no asombran con las nuevas innovaciones y descubrimientos. Lo asombroso sería que algo no cambiara. El envejecimiento del conocimiento es ya cuestión de horas cuando antes era de siglos.

La riqueza cultural a la que se accede está disponible para todos. Los que todavía pueden regular el acceso a la comunicación universal lo impedirán a toda costa en nombre de la conservación del poder, pero serán patadas de ahogados al estilo de un abuelito que esgrima que en internet también hay cosas malas, para fundamentar que se controle el acceso. Me imagino que si el abuelito lo sabe es porque tiene acceso. Se comporta como el curandero de la tribu...

Hoy a diferencia de antaño, el desafío no reside en el acceso a la información, sino en la capacidad de identificar y saber distinguir aquella que es auténticamente veraz.

El poder es una conquista anhelada, lástima que algunos cuando lo consiguen de forma totalitaria quedan embriagados consciente o inconscientemente, como victimarios o víctimas de sí mismos. Son muchos los que padecen la sequía espiritual que desata el altar del poder. El daño es material y ante todo espiritual. Se poseen ideas que terminan poseyéndolos.

Las doctrinas encierran el alma, acorralan la iniciativa y terminan con aferrarnos a la simulación como estilo de vida. El conformismo esboza una sonrisa, acompañada de la idea de que otros están peores.

Un gran salvavidas es la inspiración que proporciona la triste existencia y la falta de equidad que llevan a estados emocionales, que no dejan ver lo irracional de lo que se argumenta para un cambio que no ocurrirá...

Las filosofías sirven de soporte, incluso se adaptan, modifican, distorsionan y se niegan para seguir gobernando. Los pueblos pierden el sentido de la libertad y la autonomía.

Obtener bienestar sin esfuerzos es soga al cuello del espíritu y cerca que acorrala, para que comer sea más necesidad biológica, que acto cultural.

No obstante, al final, el cambio es imparable. Podrán enlentecer el camino hacia la libertad y la creación. El cambio habita en los niños, niñas y jóvenes. Las campanas doblan para ellos.

El poder y la cultura en armonía por la libertad:
Bienvenida la educación, que así lo permita.

Al Compás de la Palabra

Ya en el segundo año todo andaba de maravillas, los adultos se esmeraban en nombrarlo todo y cada vez comprendía más. Recuerdo que al inicio bate, pelota u otro juguete eran solo los míos y no otros. Pero al tiempo otros similares eran denominados de igual manera. Al parecer el mundo adulto era así, quieren con una sola palabra nombrar todo tipo de pelotas...

Bueno, me adelanto y comento que luego fue peor porque la pelota entró en un grupo que se llamó juguetes y eso sí que fue difícil de imaginarlo, pues siempre que hablan de juguetes yo recuerdo alguno que otro de mis juguetes en particular. Quizás los adultos tienen necesidad de ver cómo logran resolver este problema...

Sentía que era más fácil entender cuando los objetos mencionados los tenía en mis manos, podía oír sus sonoridades, los estaba degustando... o simplemente ubicados dentro de mi campo visual. Cuando no era así y no comprendía, lo que hacía era mirar al que me hablaba en lugar de indicar o tomar el objeto designado. Esto generaba nuevas frustraciones en los adultos...

Con el tiempo las complicaciones se acrecentaron, me daba cuenta de que mientras más comprendía desde las vivencias, las relaciones se podían tornar más complejas. La comunicación no era nada fácil y debía tener mucho cuidado con lo que comprendía, de lo que me decían. A veces en sentido literario y otras muy concreto.

Es complejo el asunto. Pero había que seguir avanzando en busca de la autonomía. Se trataba de vencer las incomprensiones y las frustraciones que se adhieren dentro de un mundo al que, si bien fui bienvenido, no me pertenecía y desde muy chico debía mirar desde abajo ...

Al año y dos meses podía entregar los objetos que me pedían, era complaciente, claro siempre que como ya dije, el objeto estuviera ante mi vista. Pero "la curiosidad mató al gato", si al querer tomar el objeto solicitado me encontraba con algún otro interesante, podía no cumplir con el requerimiento del adulto.

Luego, supe que esto me pasaría con relativa frecuencia en más avanzada edad. Las metas inmediatas, a veces no nos dejan ver las que deben tener lugar a largo plazo y en ocasiones por el contrario, las que se tejen hacia el futuro atropellan las que deben ser asumidas sin demora.

De momento, estaba claro que siempre que no existiera algo más motivante, yo iba a cumplir con lo solicitado. Pero bueno, hacia el año y seis meses las cosas se fueron arreglando y podía vencer la fuerza de objetos llamativos ante las solicitudes. Nos estaba yendo mejor...

No obstante, se presentaban algunas tribulaciones. Me podían pedir varias veces el mismo objeto que entregaba con gusto, pero de momento ya era el objeto ubicado al lado, las reiteraciones anteriores, me llevaban a tomar el objeto acostumbrado y de nuevo insatisfacciones.

Al año y medio si me lo pedían aplaudía, extendía las manos, siempre y cuando no estuviera ocupada mi atención, por el contrario, podía aumentar la entrega a lo que estaba haciendo. De aquí aprendí, que en ocasiones cuando me decían que no hiciera algo, lo que provocaban es que continuara, incluso de forma más intensa, haciendo lo mismo. Imagínense que me dijeran que no saliera al patio y lo hiciera más rápido. Cuanta frustración en el adulto.

Estamos ante el dilema acostumbrado, el supuesto niño malcriado o la ignorancia cosechando frustraciones, que podían terminar en castigos mal merecidos al estilo de: "ahora al corral por lo que queda del día"

Ya me estaba dando cuenta que no es tan fácil, como supe después, cambiar de "Palo pa Rumba". Muy ingeniosa la frase cubana que indica "suave para que se te dé".

Debo reconocer, que la importancia de la palabra en la comunicación con el adulto no estaba clara. Nos iba de maravilla colocando un cubo sobre otro y luego desparramarlo con la alegría que provoca generar desorden. Podía introducir figuras por aberturas de la misma forma. El hacer me llevaba a que hablará. Es su forma natural de desarrollo en las relaciones sociales.

Cierto que, con reiteradas imprecisiones cumplía con mis acciones, pero me esmeraba. Más que como lo hacía, lo relevante era el empeño que manifestaba. Más que hacerlo es que quería hacerlo. Son glorias de la primera mitad de mi segundo año de vida.

Tengo que ser honesto, en mi caso se apuraban en aplaudir mis intentos con palabras como "que bien", "muy bien" y otras similares. Aunque lo más probable que de bien había poco. Mi oído se acostumbraba a la alabanza y a los estímulos azucarados, que luego pude saber se utilizaban con frecuencia en los circos, para que los animales cumplieran con las órdenes del domador.

Pero, anticipo que era solo el inicio, de mi entrada a una sociedad de premios y castigos. Tenía que enfrentar el ser yo por la propia razón de mis motivaciones internas o por las fuerzas externas modeladoras de mis conductas. Acá el dilema de "ser como soy o soy como quieren que sea."

Si hacía algo bien, entonces era inteligente y cuando hacía algo mal, entonces ¿qué era? Seguro pensaron que no me dijeran que estaba haciéndolo mal, aunque no estoy convencido de que fuera de igual forma, con todos a los que como yo, les toca enfrentar este mundo adulto.

Luego, me costaba entender que me podían decir "que bien" y en realidad fuera que mal. Ya no era tan importante disfrutar lo que hacía, la recompensa y el premio generaban más confort que el propio hacer. Pero no hay que frustrarse, a pesar de todo me fui liberando de este dominio externo. Tengo un amigo que me dice, aunque exagerado, que los niños pueden aprender y desarrollarse a pesar del adulto.

En el festival de Viña 2019 un artista argentino- chileno (Jorge Aliz) indicó que los chilenos piensan, pero no dicen lo que piensan, mientras que los argentinos dicen y luego piensan. Desde mi punto de vista, predomina la postura argentina en la sociedad.

Mientras tanto, que bueno que lo que se dice no es realmente lo que se piensa y no podemos saber la verdad interna de cada uno de los interlocutores. Incluso, pueden llegar a retractarse de lo que dicen con expresiones como esta: "no fue eso lo que quise decir". En ocasiones peor, cuando afirman "es que no me comprendes". Es mejor decir "no me he explicado bien".

Lo fundamental es el querer hacer las cosas, intentarlo una y otra vez. No es como se haga, es que se cultive el deseo profundo de seguir haciéndolo, intentándolo desde la propia fuerza del ser, reconociendo la importancia que reviste comprender su sentido y utilidad, lo que debiera influir en la decisión de no abandonar el desafío hasta lograrlo e incluso, perfeccionarlo. Tener claridad de las fortalezas y debilidades para avanzar bajo la cultura del reconocimiento del error, como fuente inagotable de aprendizaje.

El que vive de ilusiones muere de desengaños. En apretada síntesis emerge la posibilidad del error en la vida. Esa maravillosa opción que se tiene de cometerlo e incluso con reiteración. A decir popular, el ser humano es el único que tropieza con la misma piedra. Con ello, se fortalece la idea de errar es de sabios.

Estar dispuestos a proyectar metas comunes que lleven consigo la probabilidad del error hace posible que los logros y las insuficiencias se compartan de igual manera. Si todos piensan, son propositivos y se incorporan de forma activa a resolver los problemas, entonces la autocrítica tiene tanto espacio como la crítica. El dialogo abierto inhibe el adoctrinamiento y deja que fluyan las ideas en una sana convivencia.

La palabra acompaña el querer hacer, para que emane el yo interno.

Aprendiendo con el Otro

Con el paso de los años las vicisitudes anteriores fueron venciéndose, lo que no quiere decir que no enfrentara nuevas...Bueno había que acostumbrarse, me daba cuenta de que así iba a ser en lo sucesivo y como bien se dice "a hijos grandes, problemas grandes".

Ya podía cumplir con acciones similares a las que hacia el adulto. Me iba mal si me pedían que hiciera algo distinto a lo que veía que estaba haciendo el otro. Me resultaba mejor si ambos cumplíamos con las mismas instrucciones. Es mejor hacer lo mismo que se dice que se haga si el otro también lo hace. El bien hacer necesita de un modelo o patrón y ahí vamos...

Siempre he encontrado sabio eso de ... que el niño hace más lo que ve hacer, que lo que le dicen que haga. De ahí, mi convicción de que el aprendizaje debe ser compartido por su naturaleza bidireccional.

Ahora, debo aclarar que a partir del tercer año de vida en situaciones como las anteriores, lograba realizar acciones distintas a las que estaba viendo ejecutar por el otro. Estaba consolidando mi capacidad de autorregulación.

Es cierto que desde los dos años podía contestar sin dificultad, si no interrumpían lo que estaba haciendo. Los adultos quieren saberlo todo. Lo penoso es que era evidente lo que estaba haciendo y de todas formas me preguntaban: ¿qué haces? ¡Qué raro!, era obvio y por qué preguntaban.

Pienso que a lo mejor no tenían de que ocuparse. O quizás simplemente la cultura comunicativa le da preponderancia a preguntar, sobre el admirar o instruir. Sería bueno que trataran de tener un diálogo sin hacer preguntas o simplemente al saludar, en lugar de preguntar "¿cómo estás?" decir por ejemplo, ¡qué alegría verte! Se hacen tantas preguntas, que lo único que queda es responder con preguntas y así se convierte en un interrogatorio mutuo...

A partir de los tres años tenía más éxitos en estas situaciones, pero en lo adelante se seguiría repitiendo, sobre todo en el sistema educacional. Ahí incluso se intensificó el problema.

Al efecto, les comparto las vivencias educacionales de mi amigo Juan, compañero de clases, magnífico pintor y arréglalo todo; un par de zapatos viejos en sus manos se convertía en la obra más acabada de calzado, visto por mis ojos. En esa misma magnitud, pero en sentido contrario despuntaba en las clases de Lenguaje y Matemáticas. Sufría y sus uñas padecían de ser víctimas, ante el más mínimo asomo. Por momentos creo que no esperaba ni por ellas y lo precedente también sucumbía.

Juan tenía muchas ideas y habilidades, pero pocos recursos para expresarse y se tensaba cuando los profesores le preguntaban de manera directa. Acá otro dilema, es factible que el profesor enuncie la pregunta para todos los presentes y el que cree que sabe la conteste o que finalmente, el profesor lo determine. Las preguntas deben ser para que todos piensen y luego se proceda a que se genere una postura indagatoria, reflexiva y resolutiva.

Qué pasa cuando el profesor dice que realizará una pregunta a los participantes. Inmediatamente quedamos atrapados en la idea de que "con lo desafortunado que uno es, lo más probable es que me pregunten". También pasa que generalmente cuando se domina algo, entonces le preguntan a otro. Hay que tener suerte.

Y si se mira al entorno cotidiano de la educación, se encuentran los casos como el de mi amigo Juan. Se especializó en hacer estudio somático de los compañeros de aula y así, supo encontrar un espacio detrás de Pedro, el deportista con amplia espalda. Detrás de esta espalda, al menos era más difícil que lo vieran, quizás podría pasar inadvertido...

Pero, le tocó al escurridizo Juan, protegido y encogido física y espiritualmente escucha su nombre, yergue algo su cuerpo y alcanza a ver al profesor indicando con el dedo índice en su dirección. Era lo más parecido al cuerpo de goma de uno de "los cinco fantásticos", parecía que el dedo le tocaba:

- Sí profesor – casi susurrando dijo Juan, dejando ver parte de su cara, conservando la mirada desde abajo
- Conteste la pregunta siguiente –Indicó el profesor, cobijando el rigor requerido
- Sí, Sí, Sí, profe – Irguiendo más el cuerpo, ya con una mirada cristalina, similar al de un pescado en nevera, afirmó Juan. Estaba entregado. Ya sólo se trataba de una batalla y no quedaba otra

No había terminado de enunciar la pregunta y Juan pidió que la repitiera. De ahí en adelante, estaba claro que lo que le preguntaran no iba a ser respondido. Se tienen tres posibilidades: huir, paralizarse o enfrentar la situación. Juan la enfrentó valerosamente.

Juan estaba consciente de su conocimiento deficitario y el resto del aula tenía la misma percepción. Era lo más parecido a la muerte anunciada. Sólo quedaba rezar por él y todos nosotros. Había que pedirle al Señor que Juan supiera la respuesta. De no saberla, aumentarían las probabilidades de ser candidato para ocupar su puesto y no eran muchos los dispuestos. Los que tenían reputación de saber podían estar tranquilos. Es cierto eso de "cría fama y acuéstate a dormir".

La ejercitación emocional no programada estaba en su apogeo y a nuestra salvación acudió el salvador timbre anunciando el fin del turno. Una buena oportunidad para cerrar el cuaderno y olvidar las angustias.

Parece que para aprender hay que sufrir. Mi madre me cantaba, me mecía en sus brazos e irradiaba amor y mira que aprendí mucho en muy pocos años. Las madres son portadoras de una extraordinaria intuición pedagógica, incluso cuando nos miran en silencio.

Primero ser, para luego saber. Aprender en armonía, respeto mutuo y sin relaciones jerárquicas.

Y, Si no Estamos tan Bien, Como Parece

Nunca olvido la experiencia vivida en una casa de campo, rodeado de animales que entraban y salían de la casa con tal afiliación, que todo resultaba orquestado a favor de una familia con recursos alimentarios visibles al paso.

En conversación con el padre de familia, le pregunté sobre su hijo que, ante nuestros ojos atónitos, se descolgó de un tronco transversal de la cocina para quedar justo en el umbral de la puerta del patio y así, detener el intento del perro por entrar a la casa. El perro y yo nos quedamos petrificados. No así el padre que rio y aprovechó para afirmar que su hijo estaba muy bien, que era un "roble".

Me alegró oír los elogios y me apresuré a preguntarle por el nombre. Me dijo que se llamaba Fidel. Enseguida me dirigí a él; preguntándole por el deporte preferido. A lo que el papá me indicó de inmediato: "Háblale alto que no oye bien"

Ya tenía 8 años y era un hipoacúsico severo sin atención alguna. No era motivo de preocupación para familia. Todo terminó con una sordera que opacó su vida y a los que le rodeaban. Una pena para Fidel y su familia...

Un amigo me comentaba, que le preocupa que los niños y las niñas con déficit intelectual transitan de grado en grado y las habilidades básicas como las de autocuidado no las tienen desarrolladas. Alude a que el currículo no toma en cuenta habilidades básicas como por ejemplo, amarrarse los cordones y sí abordan las operatorias de cálculo.

Hay que ver cómo están los aprendizajes de las operatorias cálculo de un niño si no se orienta en el espacio, le será difícil abrocharse los cordones y realizar las operatorias mencionadas.

El currículo, podrá estar concebido en sus mejores expresiones y eso no es garantía de que los estudiantes aprendan. Se enfatiza en que se trata de la educación de todos los diversos. Sin embargo, pueden pasar de nivel en nivel sin que alcancen los resultados de aprendizaje.

Esto pasa por igual en cualquier enseñanza, desde la educación inicial hasta la universitaria. Es una expresión de desarticulación que la matiza en general. La acción formativa que lo resuelve es la colaboración entre los que enseñan, para darle continuidad a lo que se aprende y encuentre razón de aplicación en la vida.

Me pregunto: ¿por qué no articular en una misma actividad, atarse los cordones y calcular? Se trata de encontrar las vías para unificar objetivos de aprendizaje. Lo que sí debemos evitar a toda costa, es el paralelismo curricular. La Educación es una sola para todo el alumnado, indistintamente de su diversidad.

El tránsito no es hacia la vida adulta activa, se trata del aprendizaje que vitaliza la vida activa actual. Es en el presente y se gestiona desde el aprendizaje previo, que se corrobora en cada nueva fase de estudio.

El currículo es monolítico, articulado y el proceso formativo tiende a ejecutarse de forma fragmentada. Una amiga pedagoga, decía que las metodologías activas brindan la posibilidad de articular la gestión de los aprendizajes de los estudiantes. Ello demanda de modelos educativos orientados desde el propio contexto.

No obstante, puede que tenga lugar un progreso en los aprendizajes, pero quede aislado, sin integrarse en nuevos saberes y así pierde su sentido. El camino está en favorecer las relaciones mutuas intra e interdisciplinarias.

Aquello que proporciona luz en una dirección, oscurece en otras. Lo que libera en un ámbito, acorrala en otro. Por ejemplo, dicen que como los aprendizajes deben ser activos al interior del aula, entonces no es necesario que se tenga conocimiento preciso de lo que acontece en cada encuentro. Se entiende que siempre los estudiantes están activos.

Mientras que cuando se hablaba de la necesidad de saber cómo se iba a organizar cada actividad formativa, se hacía posible velar de forma precisa, sobre las condiciones de estudio autónomo de los estudiantes. Lo que resulta bueno por un lado, termina siendo malo por el otro. Una postura asumida puede al mismo tiempo esclarecer en una dirección y enceguecer en otra. Es en su seno, donde se encuentra escondido el problema clave del juego de la verdad y del error.

Los seres humanos generan ideas que fundamentan su actuar y finalmente pueden terminar poseyéndolos. Lo que entra en contradicción con ellas, se inhibe, mutila o simplemente fallece. No hay espacio a lo nuevo hasta que creadores y sostenedores no estén o se impongan nuevas ideas. Sería ideal que las personas no vuelvan a ser poseídas por ideas, que los dejan a merced de las tristes realidades que generan y se constituyan en impulsor de cambios hasta de las propias ideas.

El liderazgo participativo es un camino para inhibir la fuerza negativa de las ideas que imperan, evitando el unilateralismo y la asunción de posturas tecnócratas y autoritarias.

A la fecha los técnicos y profesionales de la educación en general se forman en parcelas, con una vaga relación interdisciplinaria. Las consecuencias se observan en falta del conocimiento global, empezando por las limitaciones para trabajar en equipo de múltiples profesionales y técnicos, así como las limitaciones para la implementación de apoyos articulados en la atención de la diversidad de niñas, niños y jóvenes.

La educación es pertinente, si abre el camino al pensar libre y la vida autónoma.

Las Emociones y Yo

Pude ver como la hija de un amigo que no había alcanzado los dos años quedó paralizada ante las flores del jardín. Paulatinamente se acercaba a ellas, las tocaba y retrocedía dando saltos reiterados en el mismo lugar, una especie de improvisado zapateo...

Luego ya se atrevía a tomar alguna flor y al verla en sus manos, apuraba a pasarla a su madre, que la tomaba agradecida. Le decía que las tratara con cuidado, que no le hiciera daño a la flor y no le arrancara sus pétalos. Intentó volver la flor a su lugar, pero caía al piso. Insistía, pero no rendía frutos. Su madre terminó ubicándosela entre la oreja y la cabeza. No se veía mal, pero la hija se la quitaba para intentar devolverla a su lugar. A veces lo lograba...

Así la niña empezó por las flores y terminó casi habitando en un árbol del patio de su casa que fue su amigo predilecto, subía con facilidad, bajarse no, porque era en contra de su voluntad. Se sentía bien con su árbol.

Un día su padre le cortó las ramas por las que escalaba. La estaba protegiendo (decía). En realidad, cortó las ramas del árbol que eran sus alas hacia la naturaleza.

En ocasión de mi visita hablamos sobre las nuevas generaciones y coincidimos en que son más empáticas con la naturaleza, y por eso innovan para protegerla. Ella escuchó atenta desde lo más alto del árbol, que no supimos cómo lo subió, se supone que por la escalera de las emociones...

Su padre quedó atónito ante lo sucedido y lo bueno es que no tuvo argumentos para recriminarla: El árbol y ella al final siempre estarán unidos.

Volviendo a mi travesía por la vida, el encuentro con mi madre siempre daba paso a reacciones. Pronto salía corriendo y encontraba sus piernas listas a abrazar mi cara y apresaba sus muslos con mis brazos, como queriendo reintegrarme a ella con regocijo. Luego la miraba desde abajo, con una sonrisa sonora y alta exposición de mis lechosos dientes.

Esta forma de expresar mis sentimientos se fue extendiendo, primero a mi padre, luego a mi abuela y así a otros. La estima crecía con el abrazo tierno, la mirada cristalina que reflejaban los ojos, de los que vivían mucha satisfacción al recibir una pasada de mis manos...Creo que la felicidad se desbordaba y la estima de todos nos permitía crecer.

Conservo una imagen fresca de la primera vez que fui a la escuela. Estaba feliz. Estaba ubicado a breves pasos de la casa. Por azar, en el camino una lata vacía se puso ante mis pies y recibió una certera patada. Se decía que era malo patear una lata y así resultó mi vida escolar inicial.

Mis libretas fueron bonitas antes que las tocara, el lápiz siempre tenía la punta "bola", mi caligrafía sólo generaba espanto en los maestros y maestras. Nada bueno había que decir sobre mi incursión escolar.

Asistí a tantas escuelitas, como hoyos tenían los guayos o ralladores penitenciarios que soportaron mis rodillas. De la época, recuerdo la imagen de una maestra pequeña, regordeta, de pelo rizado, espejuelitos redondos de aros finos y una regla flexible, tan larga como para alcanzar el último pupitre...

Siguiendo la idea de las emociones, es raro que generalmente las ejercitaciones en clases no se hagan regulando el tiempo disponible para la resolución de problemas. Sin embargo, las evaluaciones sí.

Se manifiesta una incoherencia cuando indican que se tiene, digamos una hora para contestar un examen y cuando ya han pasado 45 minutos se empiece a enunciar que faltan quince, minutos, luego 5, 1 minuto, acompañado con un anuncio de retirada del profesor del aula. Tensa la situación.

Sería bueno que se ejercitara de forma progresiva, para llegar a niveles de tensiones elevadas durante la resolución de problemas, con tiempo regulado y con similares anuncios de retirada...

Como dice un amigo: "La Pedagogía de lo extraño o lo extraño de La Pedagogía".

Un compañero de equipo de baloncesto fue seleccionado de la categoría menores de 13 años a nivel de su provincia. Su nombre era Jorge y lo decíamos con orgullo. Todo un deportista de alto rendimiento.

El evento nacional del año en curso era en la capital del país. Un hecho relevante, en particular para él, que nunca había estado en uno de tal magnitud y menos en la capital.

Las tensiones no eran pocas y los preparativos de ropas a llevar, generaban en la familia más stress que el propio evento. Fue una salvación que un vecino prestara su valija. Ya era algo. Quedaba que apareciera el ajuar mínimo deseado. Lo imprescindible se fue conformando, pero resultó ser más espacio en la maleta que ropa. Había un vacío en ella como sentía él en su estómago, ante tamaña odisea.

La ida fue en tren, a su lado le tocó de compañero de viaje su amigo Zayas. De frente en el piso su equipaje, que no encontraba cotejo alguno. Los tres, contaba él, se movían al son del vaivén del crujiente tren, como si llorara por su retiro. Era el anunció del largo viaje en la máquina que detiene el tiempo...

No avanzado mucho el andar de 12 horas como mínimo, cuando en uno de los vaivenes se escapó la maleta de las piernas de Jorge y fue a dar a los pies de Zayas, justo antes que alcanzaran a posicionarse de nuevo en el piso del tren...

Por lo que contaba, parecía que más que los pies de Zayas, todo él estaba dentro de la maleta del vecino, sus ojos indicaban más risa que una señal de un "te acompaño en tus sentimientos por la pérdida". A la chica de la valija le fue mejor que a Jorge (recordando la célebre película italiana). Y mucho peor, fue un mal anticipo de la película sobre animales fantásticos de la maleta de Newt Scamander.

De ahí en adelante, toda la mente de Jorge se centró en el encuentro con el vecino y lo que le esperaba al regreso a casa. El aro de baloncesto no gozó de mucha fortuna ante sus lanzamientos. El equipo sintió la ausencia de sus pases certeros y las jugadas que impregnaban asombro. El vacío de la valija del vecino se llenó con el desborde de la angustia que lo abatía.

No obstante, el equipo coronó con medalla de bronce el campeonato. Un tercer lugar nacional era motivo de gloria. Una fuente para que brotara el orgullo y sirviera para compensar el daño material. Debo decir que lo que quedó en la memoria histórica familiar fue el disgusto con los vecinos al devolver la maleta, no hubo espacio para el homenaje. La medalla dio algunos traspiés de gaveta en gaveta y finalmente terminó extraviada y olvidada.

Fue mágico que pudiera expresar mis vivencias cuando dibujaba o hablaba. Me gustaba hacer cosas con mis manos y me alegraba mucho poder comunicarme, sin dejar de seguir haciendo.

¿Cómo logramos expresar nuestras emociones y estar a tono con las exigencias del entorno y no caer en errores? Es difícil poder abrazar a una persona y pensar sobre la distancia entre los cuerpos para evitar invadir espacios ajenos.

Una amiga me decía recientemente que le costaba mucho limitarse y no tocar a sus interlocutores. Le tocó por esta razón vivir momentos complejos por interpretaciones equívocas de su natural espontaneidad comunicacional. Tampoco se puede desconocer de otros que se especializan en tocar y parecen como panaderos, acosadores de la harina que amasan...

Por estos días, nos ha tocado dejarnos de abrazar o evitar un apretón de manos. Nos resulta muy duro tener que aceptar que somos dables a la aproximación corporal y ahora las barreras son de dos metros de distancia. Esperemos que esto pase pronto.

Un amigo conferencista me cuenta que muchas veces ha realizado el siguiente experimento: le pregunta a alguna persona escogida al azar de los presentes en el auditorio:

- ¿Usted me ama?
- No lo amo – Responde
- Y que es necesario para que me amé – Pregunta el conferencista
- Conocerlo - Responde

A continuación resaltaba, que conocer al otro no es condición para amar y coronaba su postura con la expresión: "Ama a tu prójimo como a ti mismo", frase enunciada en la biblia.

Hay que amarse para amar a los demás. No obstante, hay personas no soportan ni verse en un espejo.

Generalmente esta es la respuesta. En casos más bruscos suena así:

- ¿Usted me ama?
- No lo amo. Yo amo a mi familia

Esto dice un profesor que a su vez, tiene niños y niñas que educar. Suena fuerte al oído...

Cuando dicen que esperan conocer para amar ante la solicitud de un abrazo fraterno, la respuesta es positiva. Los más complejos, son los que aman sólo a su familia y los que no se aman a sí mismos. Recientemente vi a una persona repartidora de abrazos a los transeúntes argumentando que el único sentido de su vida estaba en irradiar amor. Con orgullo mostró la cifra de 43000 abrazos en su contador portátil. Se agradece la energía que entregó, para con más fuerza aislarnos y enfrentar el coronavirus. Sueño con que vuelva a obsequiar abrazos al paso de las personas.

No se puede desconocer que hay abrazos y abrazos. Unos son de piel, que fusionan y otros algo secos, lejanos como temerosos del contacto corporal, pero al final son abrazos que expresan la aceptación del otro en un mundo de emociones positivas.

Sin expresar las emociones en difícil interactuar con los demás. No obstante, cuesta seguir los estados emocionales de las personas de otras expresiones culturales. A un occidental, le resulta difícil comprender el estado emocional de un asiático y viceversa. Las emociones se pueden expresar de maneras distintas y hay que ser capaz de expresar amor con un beso en la mejilla, en la boca o en la nariz, según corresponda.

Un chileno extiende su mano para iniciar el ritual de saludo, luego sigue un abrazo que al culminar da paso a otro estrechón de manos. Cuando saluda a una persona que desconoce el ritual: apretón de manos, abrazo y apretón de manos, queda finalmente sin que su mano sea acogida por el otro. La razón es simplemente cultural.

Esto de saludarse estrechando las manos brinda opciones para manifestar no solo emociones positivas, sino también poder y agravios. Se hizo famoso el "Bielsazo" del entrenador del equipo nacional de fútbol de Chile, que no respondió al saludo del presidente; dejándolo con su mano extendida. En otras situaciones, se extiende la mano y se estrecha otra flácida, que genera más disgusto que gusto.

¡De todo hay en la viña del Señor! No obstante, ideal es no dejar la mano extendida y si la estrecha que sea de forma sincera y firme. Bueno, tampoco pueden quedar afuera, los que estrechan la mano y no la sueltan nunca y peor, los que terminan apoderándose del brazo. Hay que tener cuidado, pero anteponer la fe y el amor.

Es bueno tener presente, que los abrazos deben nacer del niño, también los besos. No es algo que se pide. Es algo que se brinda. Cuando veía a mi abuelo a lo lejos salía corriendo y lo abrazaba, no me lo pedía, yo se lo daba. Era mi cuerpo y mi decisión. Así debe ser para adoptar posturas preventivas ante el oportunismo de terceros.

Todos los días hay momentos buenos y malos. No hay que perder de vista lo bueno. Lo malo nos hace presas fáciles. Reconocer el error, cultivando la virtud en cada persona es bueno, dentro de los ingredientes de la cocina espiritual.

En una graduación de estudiantes de una universidad de Estados Unidos, sólo la solemne vestimenta de cada estudiante era un reconocimiento. Los hilos de los sombreros que se recogían al lado izquierdo a la espera del cambio de lugar se apuraban en cruzar al lado derecho en señal de culminación de estudios. No importan los matices de los colores distintivos. Lo relevante era la graduación.

Todos los estudiantes se acercaban al teatro con séquito familiar. Una puerta abierta al paso de cada uno de ellos llevaba a la separación, para dar inicio al acto de fin de estudios. Había más emociones que personas.

Todos se apuraban a establecer códigos gestuales para localizarse. Era lo común, lo que prevalecía en la multitud de estudiantes sentados a la vista de todos. Sobre ellos, un nido de globos por caer y en las gradas familiares tan inflados de emociones como los globos.

Los saludos y la cortesía prevalecían entre los familiares y amigos. Se sentía el saludo de amor que se enuncia en las misas de las iglesias. Todo fluía en dirección al amor y a la paz de manera espontánea. El amor haciendo felicidad y la felicidad construyendo amor. Extraordinario. Todos apuraban a gritar el regocijo cuando el suyo era reconocido en el acto.

El reconocimiento se desbordó en todas direcciones y uno por uno, cada estudiante fue nombrado. Increíble que en poco tiempo se pudieran nombrar 1000 estudiantes, que sincronizaban su paso con la alocución de su condición de graduado, por los resultados de su trayectoria de estudios y a su espera el Rector de la Universidad; de pie listo para estrechar su mano y sostener un breve diálogo agradecido, con cada uno de ellos.

Las emociones nos hacen grandes, vivamos desde ellas y para ellas.

A la Espera de la Comprensión

No puedo pasar por alto que me sintiera libre de tocarlo todo a mi alrededor. Pasearme por la sala de la casa inmersa en un mundo de recuerdos y objetos añorantes del pasado y sus dueños; evocadores de los más elevados sentimientos de amor, se ponían en riesgo a mi paso.

Muchas veces ante el intento de tocar, me decían: "No toques, caca". Por momento pensé que el mundo era caca. Claro como que faltaba el olor, que ya conocía...

Para suerte del entorno los primeros pasos autónomos los hice al año y 5 meses y lo hacía mejor con una pelota de fútbol en las manos. Fue mi primer malabarismo intuitivo.

Al tiempo gané en autonomía y mis manos ampliaron su interacción con el entorno. Eso acarreó que más objetos fueran alcanzados por ellas, que a su vez, sufrieron el embate de manotazos que resultaban más intensos, según la taxonomía de valores espirituales y materiales concedidos. No era tanto lo que hacía, que creo que era bueno, como el valor del objeto adorado.

Una que otra vez, llegaban tarde y ya tenía entre mis manos el objeto y de inmediato la instrucción en tono elevado: "cuidado no se te caiga", "cuidado", "cuidadoooo". Y nada, lo soltaba. Sentía que lo que me decían me impulsaba más a dejar caer el objeto que a sostenerlo. Algunos "recuerdos" fueron quebrados a través mis manos. Considero que, si me hubiesen cuidado más a mí que a los objetos, hubiésemos logrado que tuviera una convivencia pacífica con los mismos.

Por mi causa y por medidas preventivas, los recuerdos fueron abandonando los espacios visibles, para que el depredador no siguiera dañando recuerdos y la economía familiar.

Si me quería subir sobre algo, me decían que no subiera y yo intensificaba mis intentos de subir y si ya estaba arriba, me pedían que bajara, entonces bajaba de forma brusca. No sabían que sus instrucciones, tenían mayor fuerza impulsora hacia a la acción que a detenerla. Vivíamos muchas contradicciones y como es de suponer, me llevaba la peor parte. Los castigos me circundaban. Pero bueno, no hay nada que hacer y comprender que "hay amores que matan".

Un niño está realizando su tarea con una entrega total, la concentración es elevada. Se le acerca el profesor, le toca en el hombro y pregunta: ¿cómo te va con la tarea? El niño lo mira desconcertado y le dice: me iba bien, pero perdí el hilo de lo que hacía en estos momentos.

El profesor fraterno, solidario terminó afectando el cumplimiento de la tarea del niño. Lleno de amor hizo daño. Hay que querer hacerlo bien y además saber actuar correctamente.

Hablar sobre lo ya realizado es más fácil, que hablar y hacer o decir que se hará. Tengo que reconocer la molestia cuando estaba haciendo algo y me preguntaban: ¿qué haces? Es difícil hablar y hacer algo al mismo tiempo. Hay que dominar bien la operatoria de las acciones que se realizan, además se puede perder la secuencia del paso a paso de lo que se ejecuta.

Siguiendo con los apoyos a los que aprenden, si un estudiante no domina un campo del conocimiento, se le brinda la posibilidad de nivelarlo. Se insiste en que aprenda una vez más, lo que no ha logrado aprender y que de paso le ha dejado reiteradas cicatrices emocionales...Es una especie de al que no quiere caldo, le dan dos tazas.

Nadie puede negar que al final ocurra el aprendizaje deseado, pero existen otras opciones vinculadas a la integración de los aprendizajes por medio de estrategias, que permitan que lo que se aprende, devenga en una tributación en el contexto de la resolución de problemas en un marco interdisciplinario. Al encontrar aplicación, se confiere sentido. Esto es posible cuando los profesores y profesionales asistentes de la educación adoptan posturas colaborativas, articulando el proceso de enseñanza - aprendizaje.

Al final todos quieren que se alcancen logros. Incluso se manifiesta cierta ansiedad, se hacen comparaciones y dan consejos, etc. Así por ejemplo, mi familia deseaba que me parara, me sostuviera y estimulaban que me moviera. Eran mis primeras hazañas al alcanzar la postura vertical. Al inicio apoyado en las barandas del corral y luego de los bordes de las sillas. La movilidad iba en aumento y con ello las caídas forzosas. Las cosas alrededor estaban cada vez más cerca. El mundo ahora estaba a mis pies o en mis pies estaba el mundo. Nuevos espacios incitaban a la exploración.

Al ampliar el contacto con el mundo, aparecieron las frecuentes contradicciones. Se entraba a un bonito lugar y me ponía a explorar, jugar y ya se querían ir. Cuando yo me quería ir, entonces ellos querían quedarse. Ellos decidían lo que había que hacer y listo. Yo, por mi parte trataba de imponerme por la fuerza, esgrimiendo lo que ellos llaman perretas. Lo mío era una perreta y lo de ellos ¿qué era? Claro está, el que tiene el poder decide. Pero, no por eso es justo llamarnos malcriados.

En ocasión de que yo quería estar frente al espejo de una blanca cómoda, querían adquirir un asiento y me obligaban a sentarme. En lugar de poner el trasero, dejaba caer mi cabeza en la silla, a la espera de volver al espejo, que ya impaciente esperaba por mí. Al final nos fuimos sin espejo y sin asiento. Decían, mientras caminábamos hacia la puerta de salida, que la atención de los empleados no era buena. Menos mal que el problema que causó la retirada no era yo...

Luego, paseando por el jardín del local, olvidamos el asiento, la cómoda y los empleados de la tienda...

Con las palabras y las frases de los adultos no es fácil lidiar. A veces es una cosa y en otras es otra. ¡Vaya a saber! Recuerdo, que en las ocasiones de quedarme en la casa de mi abuela, tenía la posibilidad de disfrutar de sus ricos pasteles a la medida de mis gustos y además, moverme por un amplio patio y gallinas sueltas. Una felicidad de libertad y vida autónoma.

Una oportunidad única, ya que mi departamento no era gozoso de espacios para jugar y menos para animales. Además, los espacios externos eran cada vez más riesgosos para jugar. ¡El ojo del amo engorda el caballo!, decía mi madre y por tal razón, nunca salimos solos a ninguna parte.

En ocasión de mi visita a mi abuela, me entretuve lanzándole piedras a las gallinas y el cacareo llegó a sus oídos. Se molestó mucho y me regañó diciéndome con verbo enardecido y ligera sacudida por los hombros lo siguiente: "no quiero verte más lanzándole piedras a las gallinas", "les haces daño". "¿Está claro?"- Añadió. Se preguntarán qué pasó después; pues, seguí enfrascado en la misma tarea, lo que provocó más emociones negativas en mi abuela. Se empeoró la cosa. De nuevo abandonó sus tareas en la cocina. Mi añorado pastel se puso en riesgo y la posibilidad de llegar a consumirlo disminuyó.

Al salir al patio me dijo: "te dije que no quería verte lanzando piedras a las gallinas y seguiste haciéndolo, que malcriadez". Ante lo que contesté: "abuelita, no me estabas viendo". Lo que era muy cierto, yo no tenía por qué entender el sentido figurado de las palabras a la fecha. Yo había cumplido con el sentido literal de su instrucción, es decir: "No quiero **verte** más, lanzándole piedras a las gallinas".

Los adultos deberían ser más cuidadosos con lo que dicen. Bueno, tampoco deberían matar a las gallinas; torciéndoles el cuello y luego comérselas. Vi muchas veces gallinas con el cuello torcido bailando la danza siniestra del final de vida, luego desplumadas y cocidas...El mundo adulto está lleno de contradicciones.

Hay cosas sobre las palabras de los adultos que todavía no comprendo. Al tratarse de un pez, cuando se lo comen se torna pescado. Bueno si se tratase del cerdo, la vaca o la mencionada gallina dicen bistec de cerdo o vacuno, sopa de gallina y otras expresiones afines, no hay distinciones de tránsito de la vida a la muerte para estos casos. Las sopas no son de pez, sino de pescado. Media rara la cosa. Hay que indagar.

En medio de todo, me fue bien con lo de las gallinas porque tenía una vivencia de estas. Luego, a algunos de mis colegas en el jardín infantil, cuando le pedían dibujar un pollo, lo hacían destacando las características propias de uno congelado; en una nevera de un supermercado o asado.

Años más tarde, me encontré con niños de 8 años disfrutando al ver por primera vez a una gallina viva en una feria instalada en la capital de un país en vía de desarrollo. Me apenó que no tuvieran las vivencias del patio de mi abuelita.

Siguiendo con las incomprensiones, recuerdo a una niña que se le señaló que fuera cuidadosa con el vestido, y se dirigió hacia los juguetes y lo colocó junto a ellos. La palabra "cuidadosa" se le había dicho en reiteradas ocasiones con respecto a los juguetes.

El niño o niña no le concede a la palabra el mismo significado que le da el adulto; estableciéndose una incomprensión por su parte. Él o ella asimila con facilidad el sentido recto de la palabra, no así el sentido figurado.

Hay niños que logran comprender el sentido literal de las palabras. Así un niño asperger le precisa a su maestra "que un árbol no puede ni cantar ni abrazar, lo hacen las personas". Estamos ante la presencia de un pensamiento lógico, que debe ser aceptado y en la medida de lo posible, se transite al lenguaje figurado.

Comprender incluye necesariamente un proceso de empatía, de identificación y de proyección. Siempre intersubjetiva, la comprensión necesita apertura, simpatía y generosidad.

Ser profesor es lo más refrescante para la mente humana, sobre todo de los que inician la vida escolar. Una profesora alienta a un estudiante a que sea más dedicado en sus estudios:

Profesora - Jorge, lo único que yo quiero es verte convertido en un gran caballero

Jorge - Profesora eso no será posible (responde el niño)

Ante lo cual la profesora insistió, diciéndole:

- Sí tú puedes, llegarás muy lejos (y otras palabras más motivadoras), denotando cierta angustia por el fatalismo del niño

- Sí, profesora, pero ya usted no va a estar, no me podrá ver

Por un lado, la comprensión del sentido directo de la palabra "ver" y por otro, el sentido lógico ante lo natural del acontecer de la vida

Siguiendo la idea de la aproximación al entorno para lograr ser y hacer, un amigo me cuenta sobre lo vivido en diálogo sostenido con alto funcionario de una casa de estudios universitarios. El director de docencia explica el modelo educativo de la universidad al nuevo rector. No había comenzado a exponer el primer principio y, lo interrumpe con una pregunta:

Rector - ¿Usted es cubano?

Director de docencia - Sí, - afirma y continua con su exposición

No había avanzado mucho más en las explicaciones sobre el modelo educativo de la institución, de nuevo el rector interrumpe y realiza la siguiente pregunta:

Rector - Y, ¿dónde usted estudió?

Director de docencia - En Rusia, en la antigua Unión Soviética

Rector - ¡ahahah!, repite acompañando, con movimientos afirmativos de su cabeza, como dando a entender que le quedaba claro de qué se trataba

Directo de docencia - Y usted, ¿dónde estudio?

Rector - En Alemania

Director de docencia - ¡Ahahah! Repite, reproduciendo el movimiento de cabeza que hizo el rector, para así, responderle con la misma moneda

Estaba claro, no había disposición al diálogo y estaba cerrada toda opción de comunicación. La comprensión humana estaba sesgada y no había espacio para intencionar la comprensión objetiva. La postura del rector era negativa, sin un asomo de empatía y humanidad.

Mi amigo recuerda, que en sus primeros actos públicos habló de emprender una cruzada. Le quedó claro que no había espacio para un cubano y menos formado en el indicado País. La academia quedaba teñida de ideología y segregación.

Esta fue la última vez que mi amigo compartió el mismo techo con el rector y por fortuna de la vida en un espacio público, justo cruzando una calle se lo encontró de frente. El rector en señal de saludo, en lo que se aproximaba, extendió su mano y mi amigo no le respondió. Me dice que quisiera un día tener la oportunidad de enmendar su error. Quizás el rector fue más un clavo que martillo en esta historia. El victimario también era una víctima. Su estancia en la universidad fue efímera.

La educación exige posturas argumentadas en contextos democráticos, con énfasis en el respeto mutuo. Es factible generar cambios y son necesarios, intercambiando ideas para que fluya el progreso y se facilite la aprehensión de la cultura humana.

Lo mejor es que perdonen nuestras incomprensiones, mientras nos adaptamos al mundo de la palabra adulta.

El Final del Juego

Al llegar a la edad escolar mi padre quiso conversar conmigo al respecto. Los dos estábamos sentados en la sala de la casa. Uno frente al otro. Me miró a los ojos con la seriedad que devela el anuncio de algo importante. Me tomó las manos y se dio paso al diálogo:

Papá - Hijo mío, ha llegado la hora de ir al colegio

Hijo - Sí papá, ¡que rico!, iré al igual que mis hermanos

Papá - Así es, pero se te terminó el juego. Ha llegado la hora de aprender y quiero que lo hagas bien, al igual que tus hermanos. Quiero que te comprometas a portarte bien y que no recibamos quejas por tu mal comportamiento.

Hijo - No, papá, no. Me portaré bien. Sí papá

La verdad, es que en mi interior anidaba la esperanza de que mi padre exageraba y que no era posible que se acabara el juego. Desde que nací, lo que más que hice fue jugar y después de todo aprendí a hablar. El lenguaje es la expresión más acabada de la cultura humana y lo adquirí sin ir a la escuela y jugando. Era imposible que me quitaran el juego...

Llegó el día del ir al colegio. Entramos al aula. Nos ubicamos en sillas ubicadas en filas. Fue imposible alcanzar puesto en la primera fila. Todos queríamos estar lo más cerca de la profesora. Quedé como en el medio del aula. Ya sentados, empezamos a intercambiar miradas. Siempre en mi mente el compromiso contraído de portarme bien. Reinaba cierto silencio expectante, predominó el grato ambiente y las agradables palabras de bienvenida. Un sueño.

En la escuela, dentro del aula estaba claro que los que más se mueven, y lo hacen cuando quieren e incluso no piden permiso, son los profesores y las profesoras. Nosotros debemos aprender sentados. Durante cinco años aprendí moviéndome y ahora, debía permanecer sentado para aprender. Muy raro el asunto.

En la medida que pasó el tiempo, con el transcurso de los días sentíamos la necesidad de volver a nuestro entorno natural de las sensaciones y los movimientos. La primera opción afloró cuando la profesora escribía en la pizarra. Era una bendición que no tuviera ojos en la espalda. Era la oportunidad de relajar el cuerpo y moverse, incluso intercambiar miradas, sonrisas, también papeles, zepelines y una que otra palabra susurrada.

La profesora se fue percatando de nuestro oportunismo y empezó a jugar al gato y al ratón, de tal manera que hacía como que iba a voltearse hacia la pizarra y volvía a la postura frontal original. Debíamos estar quietos. Se constituyó un juego muy similar al que tenía como regla, que se podía avanzar hacia la meta; siempre y cuando no te vieran.

Y como en el juego citado, alguno que otro de los más activos era objeto de regaños. De todas formas, seguimos en busca de espacios e interacciones espontáneas. Nunca nos dimos por vencidos. No es posible ir en contra de la naturaleza humana.

Al final llegamos a movernos y dialogar, estando la profesora hablando. Un irrespeto de nuestra parte. Sólo que asumo como defensa que los adultos tienden a hablar al mismo tiempo y les cuesta más oír que hablar, a pesar de tener dos oídos y una sola lengua.

Cuando nuestro activismo no estaba acorde con las exigencias de la profesora, se fueron sumando opciones de control. Primero se trataba de una mirada con cejas levantadas, dirigida hacia uno que otro en particular. Una forma bastante sutil de llamar la atención. Si se intensificaba la problemática, podía acudir a su dedo índice como complemento de la mirada y cejas levantadas. Luego un "por favor, atención".

Agotadas las opciones anteriores, se acudía a las preguntas tipo: ¿qué fue lo que yo dije?, dirigida directamente a la persona que no estaba atendiendo. Claro que el sentido de la pregunta estaba en demostrar que la persona no estaba atenta y, que su inadecuado modo de comportarse quedara al descubierto ante los demás.

Cómo siempre pasa, no se podía repetir lo dicho por la profesora y menos decir lo que se pensaba: "si quiere saber lo que dice, grábese, pero se compra una buena grabadora."

No es rol del estudiante repetir lo que dice el profesor o la profesora. La idea es que logremos pensar y siempre impregnados de emociones positivas.

También era posible que se hiciera una pregunta y se tuviera que responder al lado de la pizarra. En mi caso, a la época, sentado al final del aula, ir a la pizarra era muerte anunciada. Todos giraban sus cabezas en mi dirección. Era lo más representativo del circo romano.

Lo mejor para poner distancia era caminar lento o generar alguna acción no aceptable, como por ejemplo ir hacia la pizarra cantando y bailando. Eso no era permitido y de inmediato la expulsión del aula. Al final una medida salvadora del ridículo.

Al mismo tiempo reconocía que cantaba mal, pero bailaba mejor. Ese era mi fuerte por el momento, pero no era relevante para aprender. Los que iban a pensar de ese modo estaban por nacer...

Está claro que no pude cumplir con la promesa contraída con mi padre. Espero que me comprendiera. Iba contra natura. Esperemos que algún día, los colegios cesen de las sillas y aulas selladas por paredes. Al menos, que el estilo de interacción sea más democrático y nos sintamos libres de fuerzas autoritarias.

Todos tendemos a buscar entornos democráticos y no necesariamente contribuimos a la democracia, en los espacios que tenemos la autonomía para cultivarla. Buscar la democracia dentro y fuera del aula, ayuda a darle sentido a las manifestaciones de profesores y profesoras, que abogan por ellas en las calles. El aula es una buena tribuna para empezar.

El patio de la escuela sintió la llegada de los que como yo, aspirábamos a ser fanáticos de un espacio tan propicio para movernos y generar todo tipo de juegos. Siempre estuvo claro que, tras el fin de las clases, estaba a la espera de nuestra llegada. No había mejor música para nuestros oídos que la del timbre, anunciando el fin del turno de clases.

¡Que viva el juego!

Ante Todo, la Comunicación

Ya les había comentado como me iba con la comunicación a través del llanto, luego el gorjeo y el balbuceo. Mientras mejor me sentía, más gorjeaba y balbuceaba. Supe después, que todos mis semejantes del mundo lo hacían igual. Incluso, pude emitir más sonidos que los presentes en mi idioma natal, en alguna medida inglés, francés, aunque había oído solamente el español. ¡Que genial!

Me comunicaba con todo mi cuerpo y expresaba mis penas y glorias con relativa facilidad. Mi sonrisa fue conquistadora. Asombraba y creo que desconcertaba a los demás frunciendo el ceño, como señal de disgusto en la primera parte del segundo año de vida.

Está claro que no es una conducta aprendida como fue negar con movimientos laterales de la cabeza y la unión de la cara con el hombro como señal de cariño. Debo reconocer la especialización del dedo índice en su rol conquistador del entorno. Y así todos los recursos de la comunicación, que se fueron incorporando como las palmetas y el lanzamiento de besos.

Fue la etapa de mi vida que fui lo más universal de lo que pude llegar a ser. Seguro que me hubiese ido mejor de haber tenido interacción con expresiones culturales de otros entornos como el alemán y el inglés, además del entorno latino en que me crie. Así, luego supe que un chino habla chino, no por ser chino si no por vivir entre los chinos o en la China y por supuesto comunicándose en chino.

¡Qué pena, que mi entorno social evocara tan poca cultura humana! Bueno, es lo que hay, como dicen en Chile. Hay que reconocer que hasta los que nacen sordos, llegan a presentar evidencias de balbuceo. Que genialidad de la especie humana. Es verdad que el balbuceo, es de poca intensidad y presencia en el tiempo por falta de interacción social por la vía auditiva.

De no ser así como lo describo, hubiese nacido hablando y sabiendo como soy, seguro que me hubiese quejado por la demora en nacer, o el tránsito hacia un medio seco, cuando viví 9 meses en uno húmedo. Siempre con las contradicciones. Lo que está claro, que hasta ahora nadie nace hablando y de ser así, se presentarían las primeras quejas acompañando al llanto.

Me ayudó mucho a balbucear, el que en mi entorno no había exceso de ruido y el grato contacto emocional, que como ya dije es esencial. Si esta sociedad estuviera clara sobre la relevancia de las emociones, deberíamos contar con educadores(as) impregnados(as) de ellas, que abaniquen la vida del otro hacia la acción conjunta. Estos serán los últimos en ser sustituidos por los robots. Es lo más humano de lo humano.

Resultó ser, que fui bueno mamando y estaba listo para comer. De tal manera que le hice honor a esa frase popular "el que no llora no mama". Así fue fácil pronunciar los sonidos bilabiales como /p/ y /b/ como resultado de la succión y los guturales /k /, /g/ y /j/ vinculados a la deglución de alimentos. Estaba claro, si comes bien se aumentan las posibilidades de hablar bien. Tuve mis aciertos, nada que decir de la comida. Espero que nunca falte.

No obstante a lo anterior, siempre me asaltará la duda sobre sonidos que eran tan fácil de diferenciar como /rr/ y que costó tanto trabajo llegar a pronunciar. Pero me las ingenié y usé otros en su lugar. A los demás le encantaba que dijera "el pedito code dápido". Hasta lo repetían como yo lo decía, pero yo siempre los corregía y les decía "no se dice el pedito code dápido, se dice el pedito code dápido".

Espero que en el entonces me comprendieran, no obstante, yo estaba claro de cómo había que decirlo y lo fundamental es que estaba activo en la comunicación con los demás. Así, estuve como hasta los 5 años. Los que no corren la misma suerte, terminan emitiendo una /rr/ gutural al estilo francés o se quedan con la /d/ o /t/. Otros la omiten y terminan diciendo en lugar de /perro/, /peo/...

No puedo pasar por alto, que mi vecina durante el tercer año de vida podía emitir el rugido del león como si fuera el sonido /rr/. La mamá se vanagloriaba por eso. Lo fundamental es entender que no somos iguales y no hay que dormirse en los laureles sin ser activos en la estimulación de los que aprenden desde edades tempranas, sin etiquetas ni imposiciones, pero sí libres y felices.

Estaba claro que podía comprender más de lo que lograba expresar mediante palabras. Las confusiones eran frecuentes y podía emitir las mismas sonoridades vinculadas a la despedida, cuando se abría la puerta de la calle para que se fuera el visitante y, cuando mi madre abría la puerta del closet de mi cuarto.

Podía emitir un /di-di-di/, asemejando la palabra adiós. Al fin y al cabo, se trataba de puertas que se abren... y por lo demás una reacción sonora imitativa. Estas hazañas verbales, las presentaba al inicio de la primera mitad de mi segundo año de vida.

Mis crecientes emisiones verbales albergaban muchos significados. Con una misma palabra, podía dar a entender todas mis necesidades. Al decir /mamá/, en ocasiones se trataba de que me cargara, que me diera leche, etc. Estas expresiones lograban el objetivo siempre y cuando ocurrieran dentro de una situación, que así lo favoreciera. Fuera de ella, todo se complicaba y la comunicación se podía tornar adversa, acompañada de algún llanto de mi parte y en ocasiones de ambas partes, es decir hijo y padres.

Al tomar leche, la palabra más repetida era "che", alusiva al biberón, el tete y otros elementos afines. Claro que comprenderme, era posible en la situación que estaba y con el apoyo de mis gestos acompañantes de la palabra dicha.

En este andar, hice muchos cambios a las palabras, le omitía partes, cambiaba de lugar sus sílabas y en ocasiones le añadía otras que no tenían nada que ver. Al final terminé creando palabras. Cada vez, iba siendo más activo en la comunicación y por suerte, los imitadores y correctores de mis expresiones irregulares fueron disminuyendo. De lo contrario, me hubiesen sepultado en el silencio y no hubiese tenido el modelo verbal adecuado, para seguir adelante con mis aprendizajes de la lengua materna.

Lo más importante para mí, resultó que no querían que fuera un perico hablando. Lo fundamental es que me comunicara y las palabras fueran usadas con precisión. ¡Qué bueno!, porque luego supe que un niño que dijera muchas palabras pudiera estar más cerca de un perico que de una persona, desde el punto de vista del desarrollo del lenguaje. Lo fundamental es el sentido de la palabra en las relaciones con las otras personas.

Con el tiempo, me daba cuenta de que quería decir muchas cosas, contar a los adultos mis vivencias; pero en eso, tengo que decir la verdad, no siempre me iba bien. Impresionaba que el mundo serio es el de los adultos y el de los niños es como infantil.

Trataba de prepararme bien para aprovechar el tiempo que se me concedía, pero me faltaban palabras, tenía más ideas, vivencias que medios para expresarlas. Eso provocaba tropiezos y vacilaciones, que a la verdad se acrecentaron desde los tres a los cinco años.

A esto le debo añadir, que con frecuencia yo estaba abajo y me miraban desde arriba y con baja relevancia ante mis dichos, incluso afloraban expresiones estereotipadas como "increíble", "cómo pudiste", "que simpático" …

Y de momento, cuando ya estaba entrando en calor, me cortaban la inspiración con "cuéntaselo a tu padre", "luego me cuentas más…sí". Así me faltaban palabras, tiempo a favor y sobre todo autoridad, para que me oyeran y ubicados a una misma altura. Desde entonces, estoy en la cruenta lucha por conquistar mis derechos.

Ya les comenté que habían aprendido a no corregirme, de lo contrario hubiese terminado siendo tartamudo. Al final eso resultó bueno para mi desarrollo verbal.

Los niños se van orientando y saben tomar decisiones. Al inicio, mi madre extendía sus brazos y yo me inclinaba hacia ella. Luego cuando estaba en sus brazos, alguien quería disfrutar de este logro, terminando frustrado, volvía mi cuerpo en dirección contraria.

Con el tiempo, fui ganando en claridad sobre la relevancia de tránsitos de unos brazos a otros, aunque no fueran los de mi madre. Por ejemplo, cuando estaba en brazos de una persona sentada, pasar a los de una persona parada ampliaba el horizonte de movilidad. Eso resultaba conveniente y accedía de inmediato.

También, el no querer transitar de brazos en forma juguetona, buscando la reiteración de la misma convocatoria, negándome a la solicitud. Un mundo de reacciones polisemánticas, comprensibles sólo dentro del contexto, pero con un creciente activismo de mi parte.

Hay que tener presente que con 1 año y 4 meses podía ubicar a mi abuelito ante la pregunta: ¿dónde está el abuelito? Dirigía mi mirada en su dirección e incluso, me podían pedir que le pasara la mano por su desolada cabeza, ausente de pelo alguno y procedía a ejecutar la orden. Me imagino al abuelo sintiendo el bienestar de la vida, a través de la pequeña mano reposada en su extensa calva.

Me especialicé en esconderme detrás de mis manos. Nada más había que preguntarme y ¿dónde está Carlitos? y rápidamente me cubría los ojos. Luego me decían, ¡Míralo ahí! y de nuevo a reiterar lo mismo. De paso, ya no tengo que presentarme, ese es mi nombre.

En la comunicación la motivación es el resorte que la abriga. En el mundo interno, las ideas aparecen como nubes, en una mezcla de imágenes que evocan las sensaciones y movimientos vividos, donde las emocionalidades impregnan para destacar su relevancia y el sentido particular que se tiene. Se trata de que esas ideas hay que llevarlas a palabras, dentro de una sintaxis que permita que el mensaje pueda ser comprendido por el receptor.

No es el mismo sentido que tienen las palabras, incluso dentro de un mismo contexto cultural. Para un chofer, el bus es su medio de trabajo, para el mecánico es su objeto de trabajo y para el pasajero un medio de transporte. El chofer quiere que funcione bien, llevar pasajeros y evitar que se deteriore, mientras que el mecánico espera por darle el mantenimiento y repararlo cuando resulte necesario y el pasajero espera que sea confortable, que le cobren poco y pueda sentarse cómodamente. Una misma palabra, tres sentidos diferentes, relacionados con las vivencias particulares de cada uno de ellos.

En la comunicación, el que escucha está en activo y se anticipa en lo que será dicho por el otro. Es tal el mecanismo de pronóstico de lo que se cree será dicho, que se termina con las propias formulaciones, en lugar de las dichas por el otro. Hay que tener mucho cuidado para evitar decir que el otro dijo, lo que a su vez se niega haber dicho. Como dice la expresión popular: "no pongas palabras en mi boca". El arte de oír devela la posibilidad de hablar con precisión. Dos oídos y una boca, hay que tenerlo presente.

Hablando del significado, por ejemplo de la palabra bus, en referencia a los que los chilenos le dicen "micro", los cubanos "guaguas" y los mejicanos "camión". ¿Qué entendería un cubano al oír decir que "el gallo llevaba a la cabra en una bicicleta". Un ave de patio que monta bicicleta y lleva otro animal y de mayor tamaño por lo general. Un absurdo. El gallo (hombre) que lleva la cabra (la niña) en una bicicleta en la versión chilena.

Así, de complicada es la comunicación. En la mañana su vecino sale al balcón y al verlo dice: "buenos... (a continuación pronóstica que dirá "días") y a lo mejor lo que sigue es "serán los días que al salir a la ventana pueda ver la salida del sol", lo que dejará sin validez su pronóstico.

El estudio de una segunda lengua fuera de contexto resulta tarea difícil. Se acrecienta la problemática, cuando no se parte desde el sentido comunicacional. Al efecto, el testimonio de una amiga profesora chilena al referirse con emoción sobre una experiencia vivida. En su escuela tuvieron la iniciativa de incorporar el idioma inglés desde el primer grado. Se acordó que el primer día de clases, la profesora entrará a clases hablando inglés. Tal cual entró al aula y los niños y niñas se quedaron en silencio. La profesora intencionó recibir una respuesta de parte de los participantes, acercándose a una niña. Ante la oportunidad, la niña preguntó a la profesora: tía, ¿por qué no sabe hablar?

Siguiendo la idea, se comprenderá que muchos no desarrollan las habilidades comunicativas durante la enseñanza de una segunda lengua. Hay que revisar el método, mirado desde la funcionalidad en la interacción con el otro. La razón de la aprehensión de la lengua está en el hacer compartido, que implica la comunicación y le confiere sentido. Este debería seguir siendo el camino para el aprendizaje de una segunda lengua.

Lo fundamental es comunicarse.

Enfatice en ello cada día.

Seres Equilibrados

A la espera de la llegada del tren en el metro, era la hora punta y en el andén se agolpaba la gente, tratando de regresar lo antes posible al hogar. Todos teníamos la cabeza inclinada a la izquierda, buscando su llegada con la mirada.

De momento, justo muy cerca de donde estaba se oye un fuerte grito y alcancé a ver una persona saltar con el horror dibujado en su cara. Algo espantoso le había pasado. Al instante, veo a una niña de alrededor de 6 años petrificada por los acontecimientos y en los que ella, de paso, tenía un rol protagónico.

La primera en percatarse de ello fue su madre, que de inmediato empezó a regañarla por lo que había hecho. Le reclamó diciéndole con fuertes agudos: "¿cómo se te ocurre tocar a una persona desconocida?"

Ante la eminencia de la llegada del tren, la madre apuró el paso y arrastró con ella a la llorosa hija.

Una vez recuperado del impacto vivido, y siguiendo los pasos de la madre e hija entré al mismo vagón y aprovechando la cercanía, dije a la madre: "seguro querrá, que su hija no sea desequilibrada". Me miró como de refilón, no creo haber encontrado comprensión en sus ojos. Dios quiera que me equivoque.

Imaginemos la ternura de los dedos de la niña acariciando la pierna de la persona que estaba a su lado. Un momento de interacción emocional, develadora de la disposición a la relación social abierta, espontánea, simplemente humana de parte de una niña, inspirada sólo desde su ingenuidad.

También podemos imaginar lo inesperado y abrumador que resultó para la persona acariciada, el sentir que algo desconocido le tocaba la pierna y justo en un momento de alta tensión, relacionado con la posibilidad de subirse al tren. Es comprensible el salto y el grito emitido. No así la reacción de la madre.

Lo relevante no es el hecho acontecido, es la consecuencia de una reacción brusca, inesperada que llegó a la niña como algo ensordecedor de cualquier candidez y armonía en su desarrollo.

Es cierto que no se puede andar por la vida tocándolo todo, todos y todas, pero las vías para llegar a entendimiento y regulación pueden ser cálidas y facilitadoras de un desarrollo emocional equilibrado. El aparente error puede originar la ocasión para cultivar la virtud, con un abrazo de comprensión y amor.

Este no es un tema que se pueda agotar con este testimonio. No es solo tocar, también es a quién, dónde, cuándo y consciente de lo que acontece. Acá hay miedo fundado y es insoslayable. Las evidencias llegan de todas las partes, no se excluye institución alguna por pura que se muestre. No obstante, es válido empezar desde el propio rol formativo.

Todo el cuerpo humano es sagrado y debe ser cuidado en su integridad. Ni más ni menos. Nada de preponderancias y fijaciones de derechos compartidos. Se trata de una relación a construir, para evitar que el miedo impida conocer las violaciones, a que pueden ser sometidos los seres humanos.

Como decía lleno de orgullo mi vecino al referirse a su hija, que todo se lo contaba y que a los 9 años, le enseñó a distancia el amiguito preferido con el que se iba a casar. Comunicación abierta y oportuna. El daño mella y hay que evitarlo. Se puede parar, pero las consecuencias dejan secuelas para toda la vida. Es mejor anticiparse y ser preventivo.

A una niña de dos años, el abuelo le dijo: "corre, corre y toma la pelota". Ante lo cual, la madre presente precisó: "no le digas que corra". La idea que ella quería expresar era evitar un accidente en el entorno reducido y lleno de artefactos de la sala. Sólo ante esta observación, el abuelo fijó la atención en el enunciado emitido por él. No tenía conciencia de haber dicho la palabra "corre". Únicamente así se percató, que en el caso es una muletilla común del diálogo, que orienta a que se realice algo, más que a que lo ejecute de forma rápida. Está clara la razón por la que el abuelo quedó en silencio...

Al iniciar las clases, el profesor dice a sus estudiantes que la materia que van a cursar es compleja, que no es de fácil comprensión y aplicación. Generalmente, el 50% por ciento del grupo no pasa la mitad del semestre y quedan reprobados, afirmó. A continuación, precisa que la materia tiene un alto impacto en el campo de los estudios que realizan.

No cabe dudas, que esta sea la experiencia de logros del profesor. Eso es lo que ha podido alcanzar con sus estudiantes y quiere ser autocrítico ante sus estudiantes (me imagino eso). No creo que lo embargue un determinismo existencial, y buscará nuevas opciones para revertir tan frustrante realidad...

No obstante, los estudiantes sienten que les han inferido un golpe bajo a las motivaciones. No acaban de nacer y un destino lúgubre se manifiesta ante ellos. La nube de los sueños se quedó sin el viento que la empuje, es decir la motivación.

Puede cambiarse el discurso del profesor, empezando por resaltar lo que induce a enfrentar el desafió. A continuación, el mismo texto cambiando sólo el orden: al iniciar las clases, el profesor dice a sus estudiantes que la materia que van a cursar, tiene un alto impacto en el campo de los estudios, es compleja, no es de fácil comprensión y aplicación. Generalmente el 50% del grupo no pasa la mitad del semestre y quedan reprobados.

Se siente una cierta mejora en la aceptación de este discurso cargado de información negativa. No obstante, ideal sería presentar el programa de estudios, articularlo con todo el proceso formativo, orientar sobre la planificación y la necesidad de estudiar sistemáticamente; para que se logre pasar de forma exitosa la asignatura.

Si quiere hablar del porciento de reprobados, hay que vincularlos a insuficiencias inherentes a todo el proceso formativo anterior, para hablar con sentido de justicia y visualizar con ello; las mejoras a introducir en el nuevo proceso formativo.

En una noche de cena fraternal de amigos, que buscaban encontrarse y disfrutar de una agradable estancia; entre un trago y otro, el esposo de la señora que nos había servido de chofer le dijo a ella que estaba tomando mucho y uno de los presentes se unió a la afirmación emitida, diciendo que efectivamente estaba "borracha". Esta última palabra desencadenó mucho malestar, aunque fue dicha con un tono indicador del agradable tributo al Dios Baco. La interpelada lo recibió como una ofensa y el desafortunado tuvo que pedir reiteradas disculpas.

Luego se pudo esclarecer, que en el contexto de Chile, era ofensivo decirle a una persona borracha, mientras que para un cubano, era un indicador de que el alcohol estaba generando efecto. Acá, lo complejo de la comunicación por los matices culturales.

No obstante, está en la intencionalidad de la palabra expresada, el mundo interno del que lo dijo. Cuando lo dijo, estaban arropados por la confianza y el sentimiento de pertenencia de un grupo de personas que se respetan y quieren.

Pero, se trataba sólo de su ropaje y no del de otros; por lo menos en ese momento. Lo importante acá, es que quedan como vivencias culturales y no fronteras que limiten la convivencia sana, de los que tienen la oportunidad de compartir la vida.

Siguiendo con la idea, cuando se le dice a un niño que algo hizo o dijo mal, estamos desconociendo el impacto que tendrá recibir esta calificación. Para el que la emite es de carácter pasajero, pero no así, para el que la recepciona. Puede ser que lo marque para siempre.

Cuando se le dice a un niño que se comporta mal, que es un malcriado, para el que lo dijo, es una cualificación vinculada a un momento, pero para el cualificado, es algo que trasciende desde ese instante y podrá ser reforzado en lo adelante.

Podrá convertirse en una huella que perdure en su memoria y tenga alta incidencia en su formación. Con los maltratos físicos, sucede lo mismo. Hay que respetar a los seres humanos en toda su integridad.

Tenía un amigo que era muy bueno haciendo cuentos, nos hacía reír a carcajadas. En el contexto de los cuentos que él hacía, uno que otro lograba realizar algún aporte, pero nunca al nivel de mi indicado amigo.

En ese contexto, me atreví a bromear diciendo que si "comefeo" entraba al recinto en el que estábamos, seguro que al primero que se comería sería a Luis, que así se llamaba mi amigo. Todos nos reímos y seguimos adelante con la velada.

Con el tiempo, recibí una llamada de mi amigo, que a la fecha se había distanciado, en la que aprovechó la oportunidad para manifestar que lo había ofendido con el chiste del "comefeo". Le pedí disculpas de inmediato por lo acontecido. Una vez más, la falta de tino comunicacional me había jugado en contra.

No puedo pasar por alto que realmente mi amigo era muy feo, pero sus coloridos cuentos reflejaban un alto ego de existencia y autoestima. Me equivoqué, por eso, por cercanas que se sean las personas, se debe pensar y luego hablar. Yo fui heredero de las vivencias que evocó en mi amigo la palabra "feo" durante toda su existencia.

Al final lo bello y lo feo, es más de naturaleza social, cultural que de otro origen. Por ejemplo, no es de igual forma comprendida la belleza al interior de la cultura africana que en la occidental.

En el caso de lo acontecido con mi amigo, la verdad que la belleza de su mundo interno, me permitió ponerla por encima de sus particularidades externas. Hay que volver a la idea de pensar dos veces antes de hablar. Siempre estar dispuestos a pedir disculpas y evitar rupturas.

Cuando, por razones emocionales, la comunicación se rompe es muy difícil la conciliación entre los interlocutores, todo lo que se diga deviene en ofensa y nada será aceptado:

El esposo llega tarde en la noche a la casa, la esposa lo espera con ánimo de recibir explicaciones sobre la tardanza y comienza el diálogo:

Te llamé y no logré comunicarme - dice ella
Esposo - No recibí la llamada
Esposa - Si, como siempre, déjame ver el celular
Sube el tono el esposo y dice: eso es desconfianza, no veo alegría en tus ojos y pregunto sobre cuál es tu verdadera preocupación

Esposa - Ya quieres coger la sartén por el mango, como siempre. Lo único que te interesa es ganar, como ayer, que lograste que no fuéramos al cine con los niños

Esposo - Te estás alterando, dejémoslo para después, cuando te tranquilices. Además, la película no me gustaba. Tenía una pésima evaluación

Esposa - Como siempre, dejándolo todo para después, por eso estamos como estamos...Tú sabes que la película era de mi actor favorito y te cuesta complacerme

Esposo: ¿qué quieres decir?, ahora me quieres culpar por todos nuestros problemas. Además, jamás pensé que el protagonista, que de paso es bastante mal actor, te gustara.

Esposa: ¿Qué sabes tú de actuación?, si apenas ves películas violentas, sin ningún mensaje y si es buena, te quedas dormido – Termina la frase riéndose...

Y así sigue la conversación que pierde el sentido original de la comunicación y se desborda hacia aspectos irritantes que profundizan el diálogo de sordos.

Estas situaciones, se deben evitar y asumir los contextos favorecedores de la comunicación. Imagínense a un niño que salta una cerca delante de todos, a pesar de que el padre le implore que no lo haga. Al caer queda con un tobillo dislocado, lleno de dolor y el embate del padre que se le acerca lo regaña y lo sacude fuertemente por los hombros, al borde de dislocarle los dos hombros para quedar aún más aterrado. Ya en ese momento no hay nada más que hacer, ayudar como se pueda al niño, es la prioridad y no añadir más sal a la sopa.

Esto de ayudar como se pueda, es muy complicado. Si un niño está llorando porque se golpeó, se le dice que no fue nada, que se le pasará. Bueno, la realidad es que le duele. Le dicen frases como: "debes comportarte como un hombre" o "los hombres no lloran" y cosas así. Lo que pasó, pasó y si duele, duele. No hay razón para minimizar el dolor y sólo toca vivirlo...

Así también pasa con la persona que está sufriendo por la pérdida de un ser querido, cuando la consuelan diciéndole que no llore. Pero si le embarga el dolor y lo expresa mediante su llanto, pues que viva su duelo. Sentir el dolor es necesario y lo que debemos, en estos casos, es compartirlo con la doliente.

Podemos equivocarnos, ofender y ser ofendidos, agredir y ser agredidos, pero que siempre quede un espacio para el perdón, el olvido y compartir lo que genera dolor y felicidad.

¿Quién Soy y Quién Pude Ser?

La vocación de mi hermano estaba clara. Todos los juguetes fueron objeto de indagación. Un juego de carpintero fue un regalo soñado. Estaba todo claro. Otros no son así, incluso llegan hasta la universidad con dudas y vacilaciones sobre los estudios que realizan.

Hay una controversia intrafamiliar social sobre el tema vocacional. Resulta que el lugar en la jerarquía social es más importante que la vocación. Se trata de algo similar a un matrimonio arreglado.

Yo por ejemplo, me inclinaba por viajar, andar de un lado al otro del mundo. Por eso quise ser marinero. Se me cerraron las puertas, la negación fue total e incuestionable. Tenía que ser médico o médico. Fuerte el asunto…

La vecina de enfrente decía que los seres humanos deben ser felices y encontrar opciones de vida acorde con las motivaciones internas. Mi mamá argumentaba en contra de la postura de la vecina, diciéndole que su propio hijo era abogado y le iba bien. Preguntaba a la vecina: ¿cómo no dejaste que tu hijo fuera constructor?, porque siempre se veía que estaba haciendo arreglos en tu casa. Así trataba de mantener de forma firme, la idea de los estudios superiores, como vía para abrirse camino en la vida.

El llanto de mi madre no ahogó la inclinación laboral de mi hermano. Se hizo pinche de cocina y cultivó su amor por los animales. Debo dar el testimonio, de que mi hermano logró un estilo de vida sosegado y entregado al goce equilibrado. Demostró que la felicidad, no se encuentra en ser universitario.

Hay que hallar el sentido de la vida personal y recorrer el camino que resulte propicio, dentro de los cánones del respeto y la honestidad. Roma no se hizo en un día y tampoco mi amigo Juan sabía que, de pintor creativo e innovador, luego de largas penurias durante la formación profesional, iba a encontrar espacio para dar convergencia a las artes manuales en la atención a personas, que presentan apoyos educativos individualizados.

Con frecuencia, se escuchaba que él no podría terminar estudios superiores. Demostró que la armonía entre práctica y teoría era su fuerte para aprender. Si conocieran mejor a los estudiantes y adecuaran las propuestas de enseñanza a sus particularidades, todos serían más felices. Por el momento, hay evidencias de que los últimos son los primeros y más vale tarde que nunca...

La contribución, los aportes no necesariamente vienen de universitarios, sino de personas que perseveran y explotan sus dones por ejemplo, para cantar, escribir canciones, poesías, crear tecnologías, sin haberse titulado en universidad alguna.

Los niños y las niñas son esponjas, es más fácil que hagan lo que otros hacen a que hagan lo que les piden que hagan. Joaquín se vestía con el traje de Superman y se lanzaba al aire intentando volar, Raúl se ponía una máscara, esgrimía un palo y ya era el zorro vengador. Peña no nos dejaba dormir emitiendo los sonidos de alerta que caracterizaban a Tarzán. Fue interesante observar que, en la época de las películas de Bruce Lee, las personas de todas las edades practicaban kárate. Era una fiebre.

No se puede negar la relevancia del modelamiento en los aprendizajes. Todos recordamos a una que otra persona que nos sirvió de inspiración, que influyó en nuestro comportamiento. Fue impresionante, la clase modelada sobre la aceptación y promoción del desarrollo de la diversidad humana.

En tercer grado, mi profesora era una mujer alta, de rostro perfilado, que se ampliaba a cada lado por su extensa sonrisa, pelo suave de color dorado, recogido hacia atrás, dejando su frente como anticipadora de sus dulces ojos claros. Así la recuerdo en el marco de una clase sobre la sociedad y sus particularidades.

Al efecto invitó a una señora para que compartiera con nosotros sobre la diversidad humana y sus expresiones, según la raza. Era su madre. Nadie lo pudo pensar. Fue un aprendizaje de la vida y para la vida. Su madre era negra y ella se veía rubia. No es que una fuera negra y otra blanca, es que eran madre e hija y desde esas condiciones, lo humano que latía y crecía.

Hoy nos hacemos estudios genéticos para saber todas las diversas sangres que corren por nuestras venas. Se demuestra que son muchas, pero siento que eso no aplaca el racismo y de paso retorna como mordida de víbora. Se sigue manifestando el racismo e incluso como auto racismo. Se calma y de nuevo resurge por su génesis o por los impulsos de los que hablan en nombre de los afectados, que no siempre piensan que sea tan así y piden que no enarbolen banderas por algo, que no sienten que les pasa.

Así, la enseñanza de mi maestra fue para toda la vida y se agradece la formación adquirida, que me permite adoptar una postura reflexiva sobre lo que acontece en la actualidad. Se trata ante todo de respetar y aceptar todas las expresiones de diversidad humana.

Las familias con menos recursos y generalmente con muchos hijos e hijas, concentraban sus esperanzas de mejora en el hermano mayor. Tejiendo sueños que no daban acceso a una mejor educación para los menores. Creo que al final, los menores terminaban con más tiempo para jugar y podían disfrutar de una espontaneidad existencial. Es probable, que eso les confiriera más libertad para ser y hacer.

Con frecuencia, los hijos y las hijas menores tienden a ser emprendedores(as) y asumen los cambios de forma más equilibrada, que los hermanos y las hermanas mayores. Es usual constatar que alcanzan mayores logros profesionales y empresariales. Esto puede ser comprendido como un efecto de que el vientre materno se va adaptando mejor a los procesos de gestación y además, se cuenta con mayor experiencia en la crianza. Bueno, son testimonios y sólo eso.

No se puede absolutizar, pero sería bueno analizar la propia familia y otras conocidas, para observar cómo se comporta lo que se dice sobre los hermanos y las hermanas menores. Quizás, puede servir de testimonio que contribuya a la disminución del proteccionismo autoritario hacia los hijos y las hijas mayores.

Volviendo al tema de la vocación, se puede ser doctor en ciencias médicas y terminar siendo músico profesional o ser abogado y finalmente escritor. Ser compositor, poeta, pintor y no haber ido a una escuela de arte.

No todos tenemos que recorrer los mismos caminos. Lo fundamental es ser libres para crear e innovar. Se puede ser músico de oídos y terminar siendo el presidente de Sony Music, como Emilio Stefan, que resalta sus logros desde la pasión, como fuerza impulsora del cambio y la mejora continua.

Muchos llegan a niveles superiores de estudio, sin tener claridad de lo que quieren estudiar. Hay un problema vocacional que resolver. A ello se une, que todos quieren ser profesionales universitarios de carreras apetecidas por la sociedad en general.

Se puede provocar frustración en los padres cuando no se estudia lo que ellos quisieran que sus hijos e hijas estudiaran. Pero esto puede cambiar, lo fundamental, es asumir una carrera que lleve a la vida responsable, honesta y que permita ser autónomo. Al final lo más relevante es ser feliz.

Finalmente no estudié lo que quería, ni lo que quería mi madre, pero pude encontrar un espacio para hacer y ser con un sentido de contribución; desde lo que me es dable concebir.

Sólo me asalta el temor de no poder seguir innovando y perecer ante las supuestas verdades que me conviertan en una presa fácil. Ante los dogmas imponer la flexibilidad mental que me permita ser libre para crear, con el sentido de satisfacción que debe generar el existir.

En la oportunidad de lo que nos ocupa, hoy como nunca, los pueblos necesitan de Gandhi. ¿Dónde estás?, que nadie te logre manchar. Es lo mismo que la Madre Teresa de Calcuta y tantas mujeres y hombres que extendieron su luz para todos, pero al parecer se necesita de sus réplicas en el mundo actual.

Mientras que contribuimos a que aparezcan, en particular al interior de la familia, es bueno que tengamos como brújula que se viva desde el honor, la solidaridad y se conjugue en la idea de que la clave está en lograr la felicidad, que sólo puede tener lugar en libertad para ser y crear.

Seré quien pueda ser, pensando en qué hacer para que otros sean. El patrimonio de la felicidad corresponde al que la pueda percibir a cada paso de su existencia.

Creativo e Innovador

Ya al año y cinco meses, fui capaz de sacar los juguetes de la bolsa. Estaba seleccionando el juguete de la ocasión. Podía buscar y determinar el juguete preciso y no otro, de los tantos presentes. Estaba siendo selectivo. Se generaba cierta inclinación por algunos de ellos. En este contexto, podía sentarme con un libro en las manos y empezar a hojearlo con los movimientos y sonoridades que hacía mi madre durante la lectura. Había establecido mi primer centro de lectura.

Aprovecho para precisar que mi madre decía, que no me leía para que me quedara dormido. Otros buscan que el niño se quede dormido mientras leen o relatan un cuento. Las experiencias son disímiles.

En edades más avanzadas, solemos pedir que nos hagan el mismo cuento que nos gustó y a los adultos se les olvida e improvisan. Se desea que sea tal cual se escuchó la primera vez. Eso desvela un poco y genera cierta impaciencia en ambas partes.

Conocí una señora, casi nacida con el siglo pasado, que contaba, que su padre disfrutaba que le leyera el periódico después de almuerzo. En realidad, era la incorporación de su voz a la siesta de su progenitor, soportada por el taburete reclinado sobre un tronco y un sombrero de ala ancha cubriendo su rostro, provocando lo más similar a la noche. Se acompañaba todo el entorno de un silencio, que no era violado ni por el más atrevido de los gallos.

Lo que quedaba, era leerle el periódico del día. Había que leer. O al menos no parar de hacer como que se estaba leyendo o de lo contario venían los castigos. Añadió que el padre no se preocupó mucho por lo de la escuela y de qué manera aprendió a leer. Bueno, el método del padre le ayudó. Aprendió a leer e incluso, desarrolló la imaginación porque inventó muchas noticias...

Cierto es que tuvo una maestra a domicilio, que las más de las veces, no podía recibir las clases porque entre surcos a cultivar, cosechas y tareas del trapiche, no había tiempo para la educación. Entre la rapadura y las melcochas de azúcar de caña quedó apresada su formación.

Sus largas trenzas caídas a lo largo de la delgada figura descendían por su espalda en caravana. Apegadas a su acostumbrado vestido de reiteradas rosas rojas en fondo blanco, que dejaba afuera los dedos de los pies y los ya anunciados juanetes de alta vigencia al terminar cada día de vida...

De frente, los brazos extendidos no querían separarse de su cuerpo y ya ante su padre, demostraba inquietud por el hacer y encontrar opciones meritorias de los escasos elogios, que al final fueron menos, que los que logró por su propio autorreconocimiento, que en realidad fueron muchos.

Así perfilaba sus éxitos como emprendedora de diferentes negocios que nacían desde la entrega al trabajo y la flexibilidad mental. Riéndose indicaba que todos sus logros se debían a que no había ido mucho a la escuela. En realidad en la vida escolar no sobrepasó el sexto grado, pero en emprendimientos su recorrido formativo fue infinito.

El desarrollo de sus habilidades manuales, la autonomía en la resolución de problemas y el desarrollo de la imaginación durante las lecturas del periódico del medio día, se vieron reflejados en su espíritu emprendedor que la llevó, por sus propios esfuerzos, a constituirse en una emprendedora de disímiles proyectos.

Sus estudios hasta el sexto de primaria (decía ella, le permitieron dominios básicos) sin perder la flexibilidad, que con sarcasmo indicaba: "todo lo que hice fue porque no tuve mucho tiempo cultivando el pensamiento racional y la lógica". Con ello, afirmaba que esas trabas no detuvieron sus emprendimientos.

También precisaba, que se alimentaba más de su intuición y que siempre era posible generar algo nuevo. Esto es válido, sobre todo, en un entorno donde la gente afirma "que ya está todo inventado" o "¿cómo se te ocurre ir a bailar a casa del trompo?".

Al final, la colonización es más mental que material. Eso no es bueno para los países en desarrollo. Hay que repensar la educación para que genere cambio.

Su vinculación temprana con el trabajo pudo ser un motor importante en su desarrollo. Quizás, con una mejor educación mayor pudo ser su contribución. Viene a la mente el tema del método de enseñanza. No es sólo ir a la escuela, también hay que tener presente cómo enseñan.

Supe de una aseveración que perfila el problema del método en la enseñanza: "la letra con sangre entra". Los que somos profesores(as), no olvidamos aquellos tiempos en que se hablaba del método 'chaussure' (zapato en francés). En otras palabras y en buen español, patada donde la espalda pierde el nombre. Esto, es lo que por ningún motivo, se puede repetir.

Hay quien argumenta que esto de la inclusión y la atención a la diversidad es paternalismo. Y argumentan la postura a partir de sus propios éxitos, sin que nadie les brindara apoyo alguno. Me parece que no se percatan que son herederos de la cultura y la riqueza de sus familias.

Hoy en los países latinoamericanos, con la ampliación de la cobertura educacional, más del 70 % de los estudiantes universitarios son primera generación aspirando a convertirse en profesionales. Las tensiones son muchas y deben ser tomadas en cuenta para incluirlos en los procesos de aprendizajes. La práctica demuestra que rinde frutos e influye favorablemente en la movilidad social de sus propias familias.

La idea es que nunca es tarde si la dicha es buena, es decir bien vale la pena brindar apoyos a la diversidad de estudiantes para facilitar sus aprendizajes. Los niños, las niñas y jóvenes pueden aprender a pesar del método, así son de capaces. Por eso me gusta la idea de que si una persona no aprende como se le enseña, existe la posibilidad de que no se le enseñe como ella aprende.

Está claro que cuando un niño o niña evidencias simples logros ante los seres queridos, las sensaciones de orgullo son inmensas. Así debe ser siempre ante los diferentes retos en los aprendizajes. Nada más pensar en la satisfacción que provoca en los adultos oírse nombrado por un niño o niña, mostrando disposición a seguir sus iniciativas, con una amplia apertura de mente. En la mitad de mi segundo año, mi abuelo se derretía cuando mi madre me hacía repetir "abu" (abuelo). A veces lo hacía, a veces no.

Me parece que estaban muy abiertos y expectantes ante todo lo que se me pudiera ocurrir. Ya antes de esto, había creado un estilo propio para colocar mi teto en la boca. Lo tomaba sólo con la mano izquierda, dándole un giro en dirección a las manecillas del reloj y afirmaba con los dedos índice y medio.

Esto se mantuvo hasta que un buen día, el teto desapareció. Este nos calmaba a todos y brindaba espacio para el sosiego. Con su desaparición, se fueron incorporando las horas frente al televisor, viendo muñes. Hoy, se cuenta con las tablets y los celulares para alcanzar este fin.

En la actualidad se han incorporado nuevas hazañas motrices, como encender y apagar el televisor por medio del control remoto. Los dedos pulgares asumen con naturalidad un activismo no visto jamás en niño(a) alguno(a). Se desplazaban sobre la pantalla, accediendo a espacios increíbles... Una evidencia de la interacción social en la movilización de la motricidad fina de las manos con el uso de las tecnologías.

Los dedos pulgares son relevantes por su desempeño en el movimiento de pinzas, una conquista cultural extraordinaria. El dedo pulgar de forma aislada sirve para indicar la vida o la muerte o simplemente decir, que algo está bien o mal.

Ahora ya tienen otras funciones motrices finas, sin activar el dedo índice y con ello movilizan el cerebro de forma distinta y novedosa. Son los protagonistas en la comunicación por medio del celular. Nunca cumplieron similar función. El desarrollo evolutivo de las niñas y los niños se va modificando con el enriquecimiento de la cultura humana.

Debo seguir insistiendo en el valor de la interacción humana. Estando en sexto básico, nos tocaba como tarea crear un cuento, una fábula o algo similar. La profesora orientó su ejecución. Por aquel entonces, lo que venía a mi mente era el cuento de la abuela, que había hecho un pastel y al ponerlo a refrescar al borde de la ventana de la cocina, un niño travieso venía y se lo comía. La señora se percató y en vez de castigar al niño, le pidió ayuda para la preparación de los siguientes pasteles y luego de la obra conjunta, le indicó que lo colocara a refrescar al borde de la ventana. Ante lo cual, el niño se apresuró a objetar la decisión, por temor a que alguien se lo llevara.

La abuela, de inmediato le preguntó por qué pensaba de tal manera y terminó reconociendo que él había realizado semejante acción y que no le gustaría perder el pastel...

Tal cual escribí el cuento con su precisa moraleja. Feliz entregué mi magistral obra y a esperar la calificación. La verdad que no estaba el distingo actual de la evaluación. La nota y sólo la nota. Bueno y que fue lo que obtuve, un abierto juicio público porque mi cuento era un flamante plagio. Hasta ahí llego mi espíritu creador que, al ponerlo a refrescar al borde de la ventana, se lo llevaron, pero no por siempre...

Quizás había oportunidad para encontrar alguna virtud en el cuento. Al estilo del programa televisivo cubano "Todo el mundo canta", o el aplauso a los imitadores de Juan Gabriel. Al menos asumir que el escrito generado, fue con el apoyo de lo recordado del cuento, o, simplemente que el lápiz no había descansado en paz sobre la mesa escolar, para dar evidencias de una actitud favorable al hacer y participar.

Guardando la distancia, son muchos los quemados en la hoguera de la inquisición de sus tiempos. No hay que apurarse a lanzar piedras al prójimo y buscar opciones que rescaten lo positivo y de ahí, seguir construyendo. El aprendizaje tiene lugar desde sus resultados, pero hay que incentivar, en los estudiantes, una actitud propicia a continuar en el empeño.

La pedagogía no tiene nada que hacer desde lo que no es y mucho desde lo que sí es. No vale nada decir lo que no sabe una persona, lo que facilita construir la nueva fase de desarrollo es lo que se sabe, para que quede vigente en el quehacer conjunto.

Recuerdo que en los estudios universitarios, durante las pruebas se podían utilizar los libros para contestar las preguntas. Más de una vez los miré sin saber, cuál era el más propicio para buscar opciones de respuestas. Para saber hay que saber buscar y para buscar hay que saber. Mientras tanto, una mirada desolada hacia los agolpados libros, como una masa homogénea ante mi cultivada ignorancia.

También tuve compañeros que se especializaban en llevar en apretada síntesis las posibles respuestas a las preguntas. Todo un arte para diseñar el fraude. A lo mejor se podría haber concedido alguna nota por las obras sistematizadas en reducido espacio y que de algún modo, les tuvieron que abrir alguna entendedera...

Ahora, en honor a mi profesora y su actitud ante mi malogrado cuento, debo reconocer que el fraude hay que combatirlo. En la sociedad, no es difícil encontrar políticos que cortando y pegando hacen un nuevo decreto, artistas que van a juicio por plagiar canciones y gobernantes que asustan a sus pueblos con la presencia de enemigos, que supuestamente asechan su soberanía. Lo común es que el fin justifica los medios. Hay que enfatizar en la formación de valores. Eso le hace mucha falta a la sociedad que nos cobija.

En diálogo abierto, de un directivo académico de una universidad y un docente de esta se presentó una oportunidad de darle espacio al intercambio de ideas:

Docente - Ustedes enarbolan como idea distintiva de la universidad "la búsqueda de la verdad"- asumiendo un tono entre afirmación e interrogación

Directivo - Así es – afirmó a la espera de lo que vendría a continuación

Docente - No lo considero prudente porque la verdad no se puede buscar, simplemente no existe – afirmó, a la espera del efecto de sus palabras en el directivo

Directivo - La búsqueda de la verdad es un incentivo para que las ideas no posean a los estudiantes y puedan desde ellas, dar paso a nuevas.

Docente - Estoy entendiendo que se trata de una convocatoria que impida la falta de flexibilidad durante los aprendizajes y nuestros estudiantes sean proactivos en el proceso formativo, siempre incentivando el espacio para la incertidumbre

Directivo - Agradecido por sus comentarios, me clarifica más las ideas sobre la búsqueda de la verdad. Creo que debemos tener ideas que nos direccionen, pero no para que nos apresen. En última instancia si la verdad no se puede buscar, entonces quedaría como única verdad que no se puede buscar

Los dos se quedaron mirando y luego un abrazo espontáneo selló la comunicación, que dio paso al intercambio de ideas en el marco del respeto mutuo. Quedó claro que nadie es dueño de la verdad y es una lástima que algunos se apropien de ella, para su propio mal y el de todos.

El entendido está en la aceptación mutua, y encontrar en cada persona sus riquezas individuales, para seguir cultivando la existencia humana.

El yo crece desde la posibilidad de innovar y crear, es lo que la sociedad espera. Lo único que puede provocar asombro es que nada cambie.

El Camuflaje de la Vida: La Mentira

Mentir es propio de lo vivo. Todo lo que existe se encuentra en continuo riesgo existencial. La cultura de camuflaje no es sólo del camaleón.

Si no me veo, es probable que no me vean. Así, es uno de los primeros juegos con los adultos. Cubría mis ojos con las manos mientras me preguntaban: "¿dónde está Carlitos?", como ya les comenté anteriormente, estaba intentando ocultarme.

Luego vendría el jugar a esconderse y que no te encontraran. Había que buscar un lugar apropiado mientras el designado, con ojos tapados contaba hasta 10. Siempre había algún oportunista que decía cerrar los ojos y tapárselos, pero con hendijas entre los dedos. Luego, las discusiones por el fraude y la negación de que no había un mal proceder...

Recuerdo los apuros en la noche virando el colchón, luego de un sueño y un despertar mojado. No quería ser blanco de las burlas y había que tener más fuerza que supermán. Había que poder.

Ante la presencia de depredadores, siempre es necesario observar las opciones que usan para lograr capturar sus presas. Tal cual pasa con la serena quietud del tigre o el leopardo al acecho de sus víctimas o el pez, que se confunde con el fondo del mar para salvarse.

Laurita con dos años y medio de edad, recibe la mirada inculpadora de la abuela y no tiene que esperar por sus reprimendas y de inmediato le dice: /yo no juí/. Ya no sólo oculta lo que hizo, ahora también se defiende antes de ser culpada. Es un recurso verbal que aflora desde muy temprano.

De tal manera, que un delicioso pastel a resguardo de mis cinco años para que nadie lo tocara, fue una mala decisión adulta. Más encima, me preguntaron insistentemente sobre quién había provocado el estrago. Y por supuesto, no tenía ni idea. Ahora me percato que no era del todo bueno que me tildaran de mentiroso, cuando mentir ha sido tan bueno para la sobrevivencia. Y si hay dudas sobre el tema, pues una mirada a las guerras, a los encuentros deportivos, a todo tipo de competencias. En todas, siempre la estrategia que se implementa lleva implícita engañar al otro. Es un ejemplo, dejar que el enemigo gane varias batallas desgastadoras, que llevan a perder la guerra.

Se puede sacrificar un peón como descuido, para impulsar que el contrario lo aprese durante una partida de ajedrez y así, desviar su atención del siguiente golpe mortal que tendrá lugar.

Al estilo de Currie en el baloncesto de la NBA, que mira a un lado y pasa la pelota en sentido absolutamente no esperado. Sobre el tema, recuerdo como un amigo describía que Jorge, su compañero de equipo, hacía pases inesperados, que lo agarraban desprevenido y eso le provocaba más tensión; que los miembros del equipo contrincante durante el juego.

De tal suerte que mentir no es nada malo y para que no se sume como un estilo de vida, viene a socorrernos el cultivo de los valores en la familia y luego en la escuela. Todos necesitamos de modelos a seguir. Creo que influyen más que cientos de clases de ética y de moral.

Muchos pensadores, como José Martí han resaltado la idea de que el mejor modo de decir es hacer. Y cada momento de nuestras vidas, deja espacio para la palabra transparente y el hacer oportuno. Hablar menos y hacer más.

El abuelo se tenía que ir de la casa después de haberse pasado todo el día jugando con su nieta. Ella se percata y empieza a llorar. No quiere que se vaya. El abuelo le dice que se va y vuelve. Ante lo dicho por el abuelo, la madre precisa que ya no volverá hasta el otro día, porque la niña puede pensar que volverá de inmediato. Es decir, el abuelo estaba incurriendo en una potencial mentira ante su nieta.

Los niños y niñas necesitan respuestas precisas y les debemos respeto. Es bueno meditar dos veces sobre las promesas, regalos y viajes, por ejemplo, si no estamos seguros de poder alcanzarlos. Esto sobre todo resulta más grave, cuando se negocia un determinado comportamiento o resultados escolares con ciertas concesiones, regalos, etc. Acá, no sólo para evitar sucumbir involuntariamente en una postura engañosa, sino también, porque no debe ser el resorte que impulse a cumplir tareas por parte de los niños y las niñas. De esto ya conversamos anteriormente, en relación con los estímulos externos, que llevan al cumplimiento de tareas para satisfacer a otros y no por nuestras propias motivaciones.

Los estudiantes, por ejemplo, hacen preguntas sobre temas que no se dominan y reconocer que se desconoce la respuesta, es una sabia postura. En ocasiones lo que se hace es mandar a que investiguen al respecto, en lugar de expresar que se desconoce. Eso cultiva la honestidad.

La educación debe evitar que la mentira se constituya en un sentido de vida y lograr que las personas tengan un actuar consecuente. Así no se deja espacio al cultivo de la doble moral y la simulación.

En la oportunidad del desarrollo de una evaluación de lápiz y papel, el profesor creó dos pruebas para el mismo grupo. Un instrumento correspondía a cada fila de estudiantes de forma intercalada.

De tal manera, que se les dificultara copiarse las respuestas. Los estudiantes son separados y se les exige entrar al aula sólo con su lápiz y algún recurso para realizar correcciones. Nadie puede hablar y no hay ningún tipo de interacción durante este ejercicio. Creo que todos hemos vivido situaciones como esta. El profesor se pasea por el aula y se mantiene alerta, para evitar que se presenten posturas oportunistas de parte de algún estudiante.

Al igual sucede cuando se contesta un examen online en un recinto con alto nivel de aislamiento al que se accede, a través de detectores de celulares u otros objetos no permitidos.

¿De qué trata todo esto?, ¿será desconfianza?, ¿no cree en la honestidad del otro? Se espera que tenga lugar una reacción impulsiva que lleve a que uno se deje copiar y otro copie, puede que uno socave al otro obligándolo a decirle la respuesta. Todo un drama que hace florecer inseguridad sobre la formación en valores de los estudiantes.

Si el proceso formativo es integral, ¿por qué el ejercicio evaluativo no comprende también la iniciativa de dejar en los estudiantes la opción de demostrar el actuar honesto? ¿Qué propone al respecto? Me inclino a pensar, que vale la pena cultivar el hacer honesto y no es necesario evitar el fraude, bajo el control del vigilante...

No obstante, es factible contar con pruebas distintas para un mismo examen como el citado ejemplo, buscando que la vista indiscreta lleve a que el estudiante al ver la respuesta de su compañero, le asalte la duda sobre la pertinencia de la suya. Bueno en este caso, estaría dando muestras de inseguridad y falta de solidez en sus aprendizajes.

Un amigo profesor me contó, de una experiencia vivida en la evaluación de dos alumnas universitarias. Al revisar sus respuestas escritas, eran exactamente las mismas. Conversó con las implicadas y les preguntó a cuál de las dos debía darle la nota, y les pidió que luego de precisar la que tenía el dominio, se detuvieron en el análisis de la razón, que llevó a que incurrieran en el fraude. Se acordó darles una nueva oportunidad para someterse al examen bajo condición de aprobar o reprobar. La aplicación sería en un recinto, donde estarían ellas dos solas, con la nueva tarea y la posibilidad de enmendar el error moral cometido.

Fue un momento de altas emociones, donde ambas expresaron sus culpas y llegaron a un entendimiento de mayor connotación, que el corte de una mano al ladrón.

En este acontecer vivido por mi amigo, pueden presentarse disímiles posturas. Es factible pensar que él debió aplicar lo normado por el reglamento en tales casos. ¿Qué haría usted?, ¿qué pudo llevar al amigo a tomar esta decisión?, ¿en qué medida la prueba era más relevante, que todo el proceso de aprendizaje?, donde quizás las alumnas tuvieron una acción impulsiva, que las llevó a cometer un fraude, ¿en qué medida, al enfrentarse de nuevo a la prueba en condiciones de total soledad, podrían de nuevo cometer fraude?, quizás de una forma más sofisticada, ¿la decisión tomada por el profesor, pudo contribuir a que las alumnas fueran mejores personas? y otras preguntas más.

Son muchas las interrogantes. Por el momento, comparto que las alumnas alcanzaron notas máximas en la nueva prueba y se sintieron complacidas al recibir la nota mínima de aprobación. Según mi amigo, la segunda vez, no se produjo fraude y supo que terminaron siendo consagradas profesionales de la educación. Siempre hay que tomar decisiones y errar es de sabio. Tiene Usted la oportunidad de decidir...

Es malo vivir de la mentira, al final el mentiroso se convierte en víctima, sufre de ella y muere por ella. Los que escalan con la mentira, quedan atrapados en su nido, terminan generando entornos tramposos, como sus propias mentiras. Al final caen en sus propias trampas.

Los estudiantes manifiestan preferencia por contestar las pruebas con el cuaderno de apuntes en mano, formando duplas, más que de forma individual. Creo que se puede ocasionalmente implementar la modalidad. Si las calificaciones no fueran tan relevantes en la sociedad, podría erguirse el actuar honesto con más transparencia.

Reconocer lo que no se sabe es de sabio. Sólo sabe que no sabe, la persona que sabe. Acá la educación debe enfatizar a través de una evaluación, que sea ante todo formadora y no calificadora. Es mejor formar personas honestas que saben, que personas que saben y tenemos dudas sobre su honestidad.

El aprendizaje ocurre cuando se hace y evalúa lo que se logra y lo que no se logra. Hay que tomar conciencia de ello, para con honestidad seguir progresando.

La mentira es comprensible, pero no lo es vivir de ella. Seamos honestos.

Cría Fama y Nada de Dormir

Cultivar lo esperado en los otros es bueno, cuando se cosecha virtud y malo en el caso, que no se espera nada bueno. Estando José con lápiz en mano, lo único que se podía esperar es que estuviera escribiendo en una de las recién pintadas paredes de la escuela.

Así, el inspector del patio, al verlo a la distancia, se le acercó con apurado paso, casi gritándole, le dijo en tono propio del que declara la culpa y el reproche: "¿cómo se te ocurre ensuciar las recién pintadas paredes?".

José, más adherido que antes a la pared congeló su delgada figura, dejó la mano que sostenía el lápiz apoyada en la misma y con la otra acompañó su respuesta al desplazarla al lugar de donde se generaba el juicio, por la supuesta mala acción, nacida de una mente que no esperaba nada bueno de él. Al mismo tiempo, dijo: si mira bien, profesor, el lápiz que sostiene mi mano está con la punta hacia el cielo y la goma hacia la pared. Estaba tratando de limpiar la pared.

De José sólo se podía esperar una mala acción y esa era una etiqueta. No era de esperar que borrara escritos o rayados en la pared. Yo creo que al profesor le faltaba mirar más al cielo para encontrar inspiración, que lo llevara pensar que todos somos pecadores y también podemos tener aciertos en la vida. Nadie está libre de culpas y de buenas acciones, que enaltecen lo humano.

Todos tenemos lados buenos y malos. Unas veces, somos los que le cedemos el asiento a la anciana y otra la empujamos al bajar del bus. En el primer caso, es consciente, en el segundo no necesariamente. Puede ser el fruto de un error. En el primer caso eres una buena persona en el segundo eres mala.

Es más fácil que se etiquete como mala que como buena. Una amiga me contaba que una persona en su barrio la acosaba con la mirada a su paso y por eso lo odiaba, no quería verlo ni en pintura (decía) y se lo demostraba con una mirada fulminante.

Un día se enteró que esta persona había fallecido y expresó alegría por ello. Finalmente, se lo había sacado de su vida. De momento, quedó en silencio y empezó a recordar los buenos gestos con los animales del barrio, que con frecuencia alimentaba, la vez que albergó en su casa a personas, que quedaron en la calle después del paso de un ciclón y así sucesivamente.

Puros elogios rondaban por su cabeza, pero ahora que ya el Sr. estaba muerto. A la fecha, el difunto sólo tenía espacio para pinceladas relacionadas con su mal actuar, con respecto a ella. Pero de momento, todo cambió y empezó a emerger lo bueno de la persona. Sería oportuno que los árboles no impidan ver el bosque, de tal suerte que en vida, se puedan reconocer las virtudes en los demás.

Es difícil que en un funeral se hablen cosas negativas sobre la vida del difunto. Hay que rezar porque estas se digan a las personas en vida. El otro día, una persona manifestó que le pondrían su nombre a una calle de Miami. ¡Qué bueno que iba a disfrutar de este homenaje! Es mejor que cuando esto ocurre en su ausencia, cuando ya no está en la vida terrenal.

Hay casos en que se considera que no se es merecedor de los elogios y reconocimientos. Se comprende. Así le sucedió a Pedro, un amigo. La profesora insistía en que él sabía Filosofía, y quería otorgarle la máxima nota en un examen oral y él, por el contrario, se negaba argumentando que sus respuestas eran imprecisas.

Al final, predominó la postura de la profesora y Pedro salió frustrado de su examen. Nunca pensó que estaría ante semejante situación. La profesora consideró que un estudiante puede demostrar durante el proceso formativo que domina el campo del conocimiento y ante un examen, presentar insuficiencias por disímiles razones. Ello habla a favor de posturas consecuentes, ante las diversas manifestaciones de una persona en distintos momentos de la vida.

Un amigo, académico universitario, me contó que cuando empezó a ejercer en una universidad chilena, se percató que no se hacían exámenes finales orales. Entregó un cuestionario con la correspondiente bibliografía a los estudiantes. Llegó el día del examen. Los estudiantes entraban en grupos de cinco. Todo marchó bien, los estudiantes podían más que contestar, dialogar con el profesor sobre los temas que abordaban. Era momento para aprender de forma conjunta, destacando con ello, que también el profesor aprendía.

Llegó el momento de preguntar a una alumna en particular; la joven se sentó frente a él. A continuación, él se paró y le pidió que hiciera lo mismo, dando por finalizado el examen sin interrogarla, expresándole que durante todas las clases, había demostrado un pleno dominio de la asignatura y que le concedía la nota máxima.

En este momento, la alumna se emociona y al mismo tiempo expresa que le preocupaba cómo quedaba delante de sus compañeros. Quería que de todas formas le tomara el examen, pero el profesor le dijo que no, e insistió en que era merecido.

Esto de ver el lado malo de las cosas, sobre las buenas está en todo el quehacer humano. Cuando era estudiante universitario y justo contestando en exámenes orales, me especialicé en llevar a los profesores al campo en que era más fuerte en el dominio del conocimiento. Lo que hacía, era tratar algún tema de forma superficial, para que me pidieran que profundizara al respecto.

Era mi oportunidad de brillar, e incluso de detener el examen y alcanzar una nota satisfactoria. No digo que lo que hacía era correcto, pero no podía esperar a que se me pidiera profundizar, sobre lo que demostraba que dominaba más. No era mi culpa que se quiera indagar sobre lo que uno no domina, sino por el contrario.

Durante muchos años, he guardado las pruebas que he aplicado a mis estudiantes. Luego, las vuelvo a revisar y me percato que hay preguntas en las que no tengo idea qué contestar. Sin embargo, cuando las concebí para mí todo estaba claro. Me asaltan los recuerdos de algún que otro estudiante, que me decía que no entendía una pregunta y le contestaba que la leyera bien. Así, se puede ser de injusto. Pido perdón por eso.

También se presentan ocasiones en que cuando profesores y profesoras van a concebir las preguntas, rebuscan tanto los enunciados y lo que se quiere evaluar, que termina enajenándose el instrumento y los estudiantes quedan a merced del Señor.

El coordinador de una maestría en la especialidad de Logopedia revisa una prueba de la asignatura Neuropsicología y se da cuenta que el instrumento estaba cargado de preguntas memorísticas, eso lo lleva a rechazar el instrumento. Tratándose de un postgrado, estaba convencido de que ni el propio profesor podía contestar dicha prueba, además no tenía ningún sentido a la luz del perfil formativo.

Las percepciones y las posturas que asumimos favorecen o abruman el proceso de enseñanza- aprendizaje. Recuerdo la ocasión en que una directora de docencia, de una facultad de educación le dijo a un profesor, que su examen final estaba mal concebido, por la simple razón que sólo tenía tres preguntas.

El requisito para ella era que tuviera unas 70... No fue fácil salir del problema, cuando ella representaba la autoridad y un pensamiento metodológico, que tipificaba la realidad de las posturas vigentes al respecto. El profesor le precisó, con cierto tono irónico, que menos mal no reduje el instrumento a la resolución de un problema, vinculado a un estudio de caso, hubiese sido una sola pregunta, lo cual era peor...

En la educación existen modas, posturas que prevalecen por algún tiempo, hasta que un nuevo "gurú" diga algo distinto. Esto pasa en la sociedad en general. Si son padres de posición social, profesionales, políticos, entonces los hijos reciben atributos sociales que los favorecen. Un hijo de carnicero debe ser carnicero. Al estilo de "dime con quién andas y te diré quién eres". Son los estigmas que perduran en el pensamiento social.

El que nace para tamal (humita) del cielo le caen las hojas, o el que nace para maceta del corredor no pasa. Hay que andar despierto y demostrar que los que no han tenido acceso a la cultura, cuando reciben apoyos pueden evidenciar significativos progresos en sus aprendizajes. Se trata de que todos puedan acceder a oportunidades de autorrealización. Lo que suceda después, dependerá de cada persona.

Un estudiante, le pregunta a otro sobre dónde vive y de inmediato contesta en alusión al "barrio alto". Eso sonó a los oídos de los presentes, como de una clase social con mayores recursos económicos; lo relacionaron con los mejores lugares para vivir en la ciudad de Santiago de Chile. Pero a continuación, precisó que vivía en la cordillera de los Andes, abrazado por la naturaleza y los abrigos culturales de su abuela tejedora.

Todos quedaron en silencio. Desde el punto de vista de la naturaleza, era realmente el barrio de la riqueza natural, que tanto escasea a la luz de la incesante búsqueda de la vida material, llena de opciones autodestructivas del propio ser humano y de su entorno.

Al final, hay que esperar lo mejor de todos. Si vas a realizar algo, lo haces bien o no lo hagas. Nada de Chile a medias. Ser o no Ser es el asunto, sin puntos intermedio. La meta no se arropa de la mediocridad. Sólo abriga el frio pasajero.

En la generación de un nuevo proyecto, las partes involucradas no cumplían con los acuerdos con el mismo rigor, en cuanto al ajuste a las fechas fijadas. Uno de los responsables indicó que como las necesidades no eran las mismas, pues los ritmos de trabajo podían ser distintos. Ante la respuesta, el responsable del proyecto dijo: "la necesidad no rige la responsabilidad, se yergue sobre ella, como muestra de respeto hacia el otro y hacia sí mismo".

Entra el gerente general a la cocina de un hotel de lujo de un país escandinavo. Al recorrer la espaciosa cocina, se fija en que hay ollas nuevas y él no tenía conocimiento de que se autorizara tal compra. Inmediatamente preguntó sobre la persona que había emitido la autorización. Su acompañante quedó de momento en silencio y a continuación dijo que nadie, sólo eran las mismas ollas, pero que habían sido fregadas (lavadas) con rigurosidad.

De inmediato, preguntó por la persona que había lavado las ollas y su interlocutor señaló hacia el protagonista. Se trataba de un amigo, que se desempeñaba como auxiliar de limpieza en la cocina. El gerente se le acercó, luego de saludarle, se interesó en saber quién era para agradecerle. Mi amigo le dijo que era un inmigrante cubano, ingeniero informático. El gerente lo felicitó y lo invitó a su oficina para ofrecerle otra plaza de trabajo, relacionada con su profesión.

Está claro, lo que se asume hacer se hace bien, o simplemente no se adquieren compromisos para demostrar mediocridad. Es respeto hacia los demás y hacia sí mismo. Todo trabajo exige de la mayor dedicación.

Un arquitecto me comentó que cada vez que podía brindaba opciones de trabajo a los emigrantes provenientes de su patria, pero en más de una ocasión, se encontró con que no estaban cumpliendo con sus obligaciones. Les hacía observaciones sobre que eso no era factible de admitir. Ante lo cual respondían: "tranquilo, esto no es una obra de choque" o "no se acerca una fecha histórica relevante a celebrar".

Estaban acostumbrados a hacer como que trabajaban. Eso no es bueno para países en que, si no trabajas, no comes. Mi amigo desistió de brindar oportunidades laborales a sus coterráneos. El daño era grande en la formación de actitudes.

Yo lo recriminé por no tratar de seguir ayudando y adoptando una postura al estilo de "justo por pecadores", pero me argumentó que, a ese paso, el también perdería la opción de obtener nuevos proyectos. Algo comprensible en un mundo competitivo.

Fijemos la atención en hacer aflorar lo bueno de cada persona y estemos listos para reconocer las propias insuficiencias, entregando lo máximo que cada uno ostenta.

Me Autorregulo o Me Regulan

Desde siempre, es cierto que el único que sabía de verdad si tenía hambre era yo, y no dudaba en manifestarlo con llantos prolongados. Luego de comer podía dormirme de inmediato.

De igual manera, si quería dormir, un estrujón de ojos era suficiente señal. Me iba muy bien con mi organismo y comprendía sus señales para satisfacer las necesidades vitales. La autorregulación biológica funcionaba a todo tren y de paso, los que estaban alrededor interpretaban mis códigos con pocas imprecisiones.

Recostado al borde del corral, podía proyectar mi cuerpo hacia adelante, buscando una posición más favorable para expulsar mis residuos alimenticios. Mi madre, que sabía mis apuros para logros exitosos en la ejecución de tan compleja y reseca tarea, llamaba a que nadie se fijara en mí en el intertanto, para que alcanzara la mayor concentración y por supuesto éxitos en el empeño. Esto fue mejorando con el pasar del tiempo.

En el segundo año de vida, podía cumplir órdenes simples sin dificultad. Mi abuelo me pedía la flor y se la entregaba, sólo si no me inclinaba a tratar de volverla a colocar en la planta de la que la había arrancado, apenas un instante atrás. Es decir, podía cumplir órdenes si no entraban en contradicción con lo que me motivaba más a ejecutar.

En más de una ocasión, me pedían que alcanzara un objeto más distante que uno cercano. Era como extraño, pero a veces lo lograba, sobre todo si el cercano no resultaba muy llamativo o no despertaba mi interés.

Mientras que estuvimos dentro de la casa, estando en brazos de mi madre, mi abuelo no logró que pasara a sus brazos. Luego, ya en la calle, casi listos para acomodarse en el auto que los llevaba de regreso a casa, sólo un pedido para que fuera a sus brazos hizo que me inclinara hacia él. Ahora respondía de forma adecuada porque cosechaba la esperanza de quedarme. Entender y aceptar permite que se cumplan acciones esperadas. Tiene que darse el equilibrio para que la comunicación resulte efectiva.

Con el desarrollo se logra el cumplimiento de órdenes cada vez más complejas, pero hay que tener presente los intereses. En la comprensión influyen otros factores. Cuando cumplía con una petición verbal sobre algo que estaba viendo, ningún problema, pero otra cosa era cuando no la estaba viendo. Había frustración cuando no estaba en el campo visual.

Tengo la sensación de que el sentirse protegido, confiere seguridad y hace que resulte más fácil pedir atención y hacer que se cumplan los mandatos por parte de los adultos. Así, un abuelo barre la tierra del patio en una y otra dirección, bajo la petición de su nieta de 2,5 años al decirle: /isopalla/. De inmediato procede a barrer, primero en una dirección y luego en otra y otra...Como buen entendedor, la orden era: barre la tierra para allá.

Son más las veces que se cumplen las peticiones del niño que a la inversa. Se puede ir a buscar los zapatos y ubicarse al lado de la puerta del patio, diciendo: /papatos/ y con ellos solicitar, primero que se los pongan y luego salir a jugar al patio. No obstante, existe la posibilidad de que se comprenda que el sol es fuerte, que hay mucho calor y que se saldrá más tarde. Va creciendo la comprensión desde la negociación sistemática. Hay que perseverar, sin generar desequilibrio entre las partes involucradas.

Los adultos, deben ganar en autorregulación para no perder la cordura. Deben entender que estar haciendo lo mismo por 4 o 5 minutos es mucho tiempo. Por eso, se cambia de un juego a otro con facilidad. Todos sabemos lo difícil que es estar sentados en una clase por 45 minutos. Es insoportable y sobre todo cuando los profesores son los que hacen todo y los que realmente aprenden, cuando creen que están enseñando a estudiantes petrificados en sus respectivas sillas.

Las clases deben ser cortas y con activismo de todos los involucrados. No hay que esperar a que invada el aburrimiento y tener siempre lista, a disposición una diversidad de actividades.

Si en presencia de un objeto que despertaba mucho interés, aunque estuviera donde estuviera, no era posible que se consiguiera que tomara otro objeto. Siempre fijaba la atención en lo que resultaba más interesante. De paso, así será en lo sucesivo y siempre. Ahora el comportamiento es impulsivo, con el tiempo se torna más regulado por los demás y finalmente será autorregulado.

Entre el comportamiento impulsivo y autorregulado por normas y valores, siempre se darán contradicciones que se resolverán con distintos matices.

Recuerdo que muchas veces tratábamos de resolver los problemas, acorde con los ejercicios realizados. Eso hacía que fuéramos impulsivos. Ante un ejercicio que la solución era que no tenía solución, insistíamos en implementar diferentes vías de operar. Resultó llamativa la aplicación de la regla de tres por parte de una compañera de aula, indicando que así se lo habían enseñado, sin que tomara en cuenta la pertinencia de su aplicación en el caso.

Está claro que este fenómeno constatado, tiene que ver con la ejercitación estereotipada, con predominio de la implementación de la operatoria para llegar al resultado, en detrimento de la comprensión del problema. Una vez comprendido el problema, se puede decidir la vía de solución, bajo el rigor de la retroalimentación, y así inhibir la impulsividad, el ensayo y error. Esto demanda de una ejercitación reflexiva y autónoma del que asume llegar a su solución.

Más que saber hacer las cosas, es cultivar la actitud ante la vida y cumplir el paso a paso en la solución de tareas. Como se dice, no poner la carreta por delante de los bueyes o el muerto delante y la gritería atrás...

Una niña abre sus brazos tratando de abarcar todas sus muñecas al mismo tiempo. También un joven puede comprar más carne para un asado, que la necesaria. Es muy difícil que llegue a la consideración de qué es mucho, a no ser al otro día, cuando puede observar toda la que sobró. Es difícil controlar las reacciones impulsivas. Exige de sistemática ejercitación y entender que el mal de Diógenes tiene matices... Igualmente una persona puede asistir a un supermercado y comprar de todo, menos aquello que lo motivó a ir.

Un amigo me contaba que él se prestaba a facilitar las ventas de bisuterías, adoptando la postura de un comprador muy interesado ante todos los potenciales presentes en la tienda. Eso provocaba un aumento significativo de las ventas. Nada de honrada la vía para el incremento de las ventas.

Los productos para consumir los relacionan con personas de éxitos económicos, generalmente artistas y deportistas. En el caso de personas comunes y corrientes que aparecen en la publicidad, generalmente se le añade felicidad al que lleva a su hogar el nuevo auto, detergentes, perfumes y otras opciones, que siempre son materiales.

Los caminos hacia el producto deseado se abarrotan de otros, que van insinuándose a la vista en los estantes. Generalmente, los productos con valores más accesibles al bolsillo se colocan a la altura media de las personas, los más baratos casi a ras de suelo y los de precios altos, demandan de una subida de la mirada hacia ellos o simplemente, están bajo llave y debemos llamar al vendedor o vendedora para que nos ayude...

Se termina finalmente, comprando los mismos productos una y otra vez y los especialistas en mercadeo saben con precisión lo que más o menos se consume, para incrementar su oferta en los campos visuales de los clientes.

Ante la amenaza de un ciclón, las compras son desbordantes, se quedan los estantes vacíos. La gasolina se agota, se entiende. Luego sucede lo mismo ante las diferentes crisis sociopolíticas y pandemias. En ocasión del coronavirus o para precisar mejor, el Covid-19, extendido rápidamente por el mundo, se presentan compras compulsivas de productos que no tienen relación con el virus, como es, por ejemplo, el papel sanitario. Nadie sabe la razón, "pero otros lo llevan, mejor llevarlo". Así se generan colas para comprar no se sabe qué en países con problemas de abastecimiento, de productos de primera necesidad.

También es factible que se generen largas colas de personas porque una se colocó detrás de otra ante la entrada de una tienda, sin que nadie tenga una idea sobre la razón de su formación.

La vida social cada vez más se asocia al consumo, se entra permanentemente en una carrera competitiva por el último producto que emerge en el mercado...Se decía que se consumía para hacer filosofía y parece ser que es para quedarnos sin ella.

El querer tener algo puede generar tanta felicidad como tenerla, aunque a veces cuando ya se tiene al rato se abandona. Eso pasa frecuentemente cuando los niños reclaman sus juguetes. Detrás hay un mundo que devela lo que seguirá sucediendo en la continuidad de la vida.

Cuando para la conmemoración de una fecha, se organizan los intercambios de regalos, se presenta la posibilidad de conjugar la espera de algo que se quiere con la obtención de ese algo. Se asume por ejemplo, como opción "El amigo secreto". Desde unos días antes al intercambio, el amigo manda señales a su designado, lo inquieta con indicios sobre lo que le regalará. El amigo está disfrutando por varios días su regalo.

La fase previa al momento del intercambio es tan placentera como el día que finalmente lo recibe. Luego cuando le corresponde abrir su regalo, de tantos que incluso varios días lo vio al lado de un arbolito de navidad, vive el momento con mucha emoción que dilata con el abrir lentamente el envoltorio. Finalmente, el regalo que puede más o menos satisfacer y el agradecimiento a su amigo(a) como cierre.

Así el proceso de la actividad es más relevante, que el propio regalo. Una dimensión cálida de lo humano.

Siguiendo con mi infancia, se sentían bien, si era capaz de tomar un objeto que se me indicara, pero otra cosa era que se lo diera a otra persona o lo colocara en un determinado lugar. Ya me estaban pidiendo que hiciera dos cosas de forma sucesiva. Eso es complejo.

Tremendo problema cuando querían que le diera el juguete que tenía en mis manos a mi hermano, porque no era mío. Primero, identificarlo, luego hay que reconocer que él era el propietario y finalmente dárselo. Pero, ¿qué para un niño es esta situación? Hay que ser muy ecuánime y seguir adelante en la convivencia con los adultos...

Un amigo afirmaba que somos individualistas por naturaleza y eso nos lleva anteponer lo personal sobre lo individual. De ser así, debemos contar con educación que facilite espacios para el altruismo y el sentido de caridad y respeto por los demás o quedamos atrapados en la jungla desoladora del individualismo.

Las incomprensiones abundan. Imagínense que no es lo mismo que le digan señala el lápiz con la goma, que señala la goma con el lápiz. Siempre tendía a señalar al primer objeto nombrado. Pero nada, el adulto no se percata de estas complejidades y como siempre "sálvese él que pueda"

Algo similar me pasaba cuando me presentaban una foto de una madre y su hija y me pedían que señalará "la mamá de la hija" o, por el contrario, "la hija de la mamá". Las palabras eran las mismas, pero la resultante de su organización en las frases no lo era, y así me quedaba sin saber qué responder.

La verdad es que al inicio me quedaba como desorientado, todas las palabras eran las mismas y la persona a señalar cambiaba con el orden de las palabras. Deben tener más cuidado en cómo hablan, para que sea más fácil comprender. Entendía mejor la mamá de la hija por el simple hecho de que yo también tenía una mamá.

Peor resultaba cuando se trataba de las comparaciones, al estilo de, por ejemplo: Pedro es mayor que Juan, ¿quién es menor? Y si era: Juan es más alto que Ramón y más bajo que Luis. ¿Quién es más alto? Complicado el asunto, se debe ser muy cuidadoso cuando se afirma, yo te lo dije y no lo hiciste. Hay que estar seguro de que la otra persona comprendió.

No siempre lo primero que dicen fue lo primero que sucedió. Así es el asunto, o cuando se dice "yo desayuné después de cepillarme los dientes". Donde la verdad, me quedaba sin posibilidad de entender, era cuando se afirmaba con negaciones. Esta era la mata de la complejidad. Se quería que comiera frutas y me decían que **no** es bueno **no** comer frutas o Julito, tu amigo **no** está acostumbrado a **no** respetar las normas de conducta. Dos "no" para decir sí...

Es cierto que lo indicado anteriormente dificulta la comprensión. También se presentan situaciones, en que lo que estaba haciendo me tenía absorto y no escuchaba nada. Al llamado de a comer, era como que me estuvieran diciendo que siguiera jugando o leyendo. Esto incomodaba a mi madre y provocaba subida de voces y posteriores castigos. Hay que entender, que recepcionaba la información, pero no la procesaba. Era un estímulo de baja intensidad ante la actividad que me ocupaba.

El paso de una actividad a otra demanda una parada de tránsito. Hay que terminar con la que se está ejecutando para dar paso a la siguiente. A lo mejor mi madre debió acercarse, introducirse en mi juego y luego provocar una parada conciliada para ir hacia la actividad que me estaba solicitando. Ella quería que las cosas fueran desde ella hacia mí y debía ser de mi hacia ella.

Muchas veces me decían que no continuara haciendo algo y lo que hacía era continuar e incluso con más intensidad. Es bueno reconocer, que a veces las órdenes generan el efecto contrario al deseado. Es mejor acercarse, interactuar para detener lo que se está haciendo e iniciar una nueva actividad.

Esto lleva a considerar que entender es una cosa y para qué es otra. "Sí profesora, comprendí lo que me enseña, pero no entiendo para qué sirve". Indicó una niña que no le encontraba aplicación a lo que le enseñaban.

Ante la pregunta para qué sirve el π (pi) en la vida diaria, generalmente no se registran respuestas precisas entre los propios profesores. También pasa con los conocimientos relacionados con la electricidad que no dan lugar, ni para cambiar un bombillo en la casa...

Pero siempre se cuenta con algún vecino no muy letrado, que es capaz de establecer las medidas de un piso circular para colocarle mosaicos o resolver los problemas eléctricos que se presentan.

Un aprendizaje es significativo cuando trasciende a la vida y encuentra espacio de aplicación. Esto debe ser un denominador común del proceso formativo. Así será relevante aprender. Cada aprendizaje, debe ser un ladrillo que facilite la construcción de algo que confiera ser y saber.

El modelamiento en las conductas, el aprendizaje por observación está y no podemos negarlo, incluso sigue teniendo tanta vigencia como lo acontecido con los perros que de ver al amo, empiezan a salivar. O esa sensación que me albergaba cuando al terminar de ver una película de cowboy, salía del cine como si los revólveres colgaran en mi cinturón, en un andar con brazos abiertos, dueño del poder más absoluto que genera la imitación.

En la sociedad se presentan contradicciones con las que tenemos que convivir y alentar el sentido de respeto por el otro contra viento y marea, para decirlo de algún modo. En América Latina, por ejemplo encontramos en los medios de comunicación fenómenos de esta naturaleza. Todos estamos a favor de la convivencia sana y no violencia, pero en no somos muy precisos en el tema.

Por ejemplo, una profesora le llama la atención a un niño que ha golpeado a otro, esgrimiendo lo inhumano de tal conducta; ante lo cual él responde, que eso no tiene nada de malo porque Don Ramón golpea al Chavo del 8 y Doña Florinda a Don Ramón y casi todos al gordito, que no recuerdo cómo se llama.

El niño argumentó desde un programa para la niñez y que ante todo opera en la violencia y es aceptado. Son las cosas extrañas de un mundo que no quiere que se sea así, pero populariza lo contrario...

Al final como entretejemos el abrigo de la educación para que siguiendo a los grandes pensadores: el mejor modo de decir, es hacer.

Es comprensible que regulen a los demás, si es para alcanzar la plena autorregulación, y con ello, respetar y ser respetado.

El Profesor y el Aprendiz

Un niño de 2,5 años puede manipular un celular o una Tablet sin dificultad, lo enciende, apaga, mueve imágenes, toma fotos y busca sus canciones en YouTube. Todos se asombran y se dicen que son nativos digitales. Con las tecnologías comunicacionales el mundo cambió.

Recuerdo la alegría cuando llegaba el cartero y se recibía una carta tres meses después de haber sido enviada. Ahora no escribimos cartas a nuestros familiares, en su lugar mandamos mensajes, nos comunicamos por diferentes vías y de manera permanente.

Estamos conectados todo el tiempo. Cada vez, son más los que estudian y trabajan desde sus casas. Lo que iba ocurriendo de forma paulatina, pasó a ser de forma brusca con la pandemia. Ahora son muchos los que están cumpliendo con sus actividades de forma online.

Se supone que, cuando termine la epidemia, el trabajo online se consolide.

Como dijera Goethe, J.W. en Fausto: "no conseguirán conmover otros corazones, si del corazón nada te sale". Por el momento y a diferencia de las actuales máquinas, el ser humano continúa presidiendo la emocionalidad.

En un evento científico, una académica, que presentaba su innovación en el área de la inteligencia artificial aplicada a la enseñanza de la matemática, afirmó que la herramienta digital emula con el profesor. No creo que eso pueda ser posible, al menos por ahora. Los recursos tecnológicos, son herramientas para facilitar el proceso de mediación docente. No le sustituyen, por el contrario, facilitan su labor mediadora en el proceso de enseñanza - aprendizaje.

El niño Rolando con 7 años dijo a su profesor que 1 + 1 tenía como resultado 3 y por eso lo reprobó. Una solución genial, flexible y ciertamente objetiva. Su madre + su padre dio lugar a la presencia de uno más, que en el caso era él. Entonces en su familia son tres. Mientras, que la lógica matemática se queda atrapada en que el resultado inequívoco es 2.

Puede ser que también sea el resultado de 1 + 1 = 4 si se cuentan todos los elementos presentes. Y la razón es que no se ajusta a la convención de lo que se puede o no sumar...

También puede dar cualquier resultado distinto al esperado, si se quiere mostrar que no hay una actitud positiva ante los estudios, se está agotado o simplemente se cometió un descuido. Quería escribir un número y escribió otro.

El resultado se subordina al análisis del proceso que lleva a que tenga lugar. En último caso, es factible pensar que 1 + 1 pueda y deba ser uno. Hay que esperar...Quizás la primera sorpresa esté en la medicina con la aplicación de la inteligencia artificial, aunque hace varios años, experimenté un atisbo de ello cuando un estudiante dejó caer una gota de agua sobre otra, que ya estaba en la superficie de la mesa y con cara de júbilo, me miró y me dijo: "ve profe, 1 + 1 = 1".

Para resolver situaciones como las anteriores, es necesario contar con una postura de aceptación del otro con sus inquietudes y proyecciones. Ser flexible, demanda de emociones positivas. A decir de personas sabías como Humberto Maturana, ver al otro como el legítimo otro.

Todo lo que se recibe sin esfuerzos para obtenerlo, atrofia la creatividad. Un niño que apunta hacia el refrigerador con un dedo y le dan algo de comer, va a la escuela y lo hacen pensar que su mundo es el mejor y los medios de comunicación respaldan que hay que seguir señalando con el dedo para comer algo y pensar al mayor estilo de que 1 + 1 = 2...

Se puede comprender que estos son ropajes de la desolación espiritual. Si tal fenómeno formativo se reitera, denotará un riguroso método para el logro de la inamovilidad y la consolidación de la rigidez mental. Y el comentario comprende, desde ese padre que precisa que las cosas estén bien o mal porque él así lo considera. El hijo, quizás piense distinto pero, calla y otorga ante el poder y la autoridad.

Quizás el mejor camino para no ser conspiradores sea estar dispuestos al diálogo comprensivo durante el proceso de enseñanza –

aprendizaje. Al efecto, la profesora, esgrimiendo el concepto de paz en la enseñanza de las matemáticas, mientras explicaba la operatoria de la suma, buscando no dañar la flexibilidad mental de sus alumnos, los puso ante el armado de una silla. Presentó un grupo de partes y les dijo que contaran las partes presentes, que en el caso fueron 5. Luego les pidió que las unieran y llegaron finalmente a la silla. De tal forma, el resultado de la adición de los elementos aislados termina siendo 1. Cinco conjuntos dieron lugar a un solo conjunto.

Así es la regla de la sumatoria, es decir su convención es que los elementos no se integran, deben seguir siendo elementos aislados dentro de un conjunto. Queda abierta la puerta para que se siga reflexionando sobre conocimientos establecidos y que al final el aprendizaje sea siempre de apertura al pensar.

Aprovechando la ocasión comparto, que la evaluación como parte de la metodología de enseñanza, debe dejar a un lado la calificación y llegar a la autoevaluación y autovaloración.

Un estudiante durante un examen de la asignatura matemáticas llegó al resultado de un ejercicio, pero no pudo indicar el paso a paso en su solución. Su calificación fue 0. Insistió en no había justicia en esa nota, porque estaba correcta la respuesta. El profesor no le creyó y lo consideró un fraude.

El estudiante no recibió el apoyo, para dimensionar lo que había realizado para llegar al resultado, se quedó con una injusta sanción moral y el profesor se perdió la oportunidad de mostrar fe en los seres humanos y es posible, aprender algo nuevo. La duda quedará para siempre.

Un expositor en un evento científico afirmaba que las herramientas digitales ya están a disposición en la red. Que incluso, se pueden usar gratuitamente. Con ello manifestaba su oposición a que no se crearan cosas nuevas.

Usar lo que está concebido era el camino. No se puede perder de vista que, al mismo tiempo, los que colocan en la red las herramientas gratuitas, no cesan de crear nuevas herramientas. Así unos crean y otros usan lo creado, integrando herramientas de forma sistémica en un llamado ecosistema. Eso no está mal, pero es insuficiente.

La gracia está en crear el indicado ecosistema desde lo existente y tener una postura proactiva, también de innovación. Acá una cuota de creatividad en la sistematización de las herramientas y su posterior aplicación y uso. Las necesidades pueden ser específicas y sobre su base, se generen requerimientos que no se satisfacen con herramientas generales.

Puede que un sistema me permita evaluar en línea a un grupo de estudiantes, relacionando el resultado de aprendizaje, con la metodología de enseñanza que se aplicó, los indicadores de evaluación y el instrumento que se concibió para la retroalimentación. Sería interesante concebirlo.

No es necesario redescubrir el agua tibia y ponerse a machacar agua. Ya está claro lo que sucede. No obstante, el hacer proactivo lleva a la innovación.

Innovar es tarea de todos. Siempre es posible añadir un grano de arena a la montaña de la creación. Crear, es un buen camino hacia la autonomía y la libertad.

La ferviente conversadora afirmaba con vehemencia que recriminaba a su hermana por argumentar a favor de la estimulación temprana. Su verbo sobresalía en la conversación, indicando que el mundo ya estaba repleto de estímulos y para qué intentar llenar más agua en un vaso que estaba lleno.

El vaso de un niño al nacer está lleno de potencialidades de desarrollo y demanda de interacción desde edades tempranas, incluso desde la prenatal para que se llene de cultura humana en el proceso de socialización, en las relaciones con los otros.

Hoy, los jóvenes resultan más innovadores que los más adultos porque viven más en un mundo tecnológico, de vertiginosos cambios y perciben de forma natural que lo extraño sería que nada cambie.

La mejor forma de enseñar es disponiéndose a aprender.

Hablando de Género

En la resolución de problemas durante el juego, siempre las niñas terminaban más rápido que nosotros, tenían más claridad de cómo había que organizarse y proceder. Nosotros estábamos dispuestos a ejecutar. Está diferencia era visible desde los 5 y 6 años.

Si competíamos al enfrentar tareas similares al mismo tiempo, divididos en equipos según el género, los niños podíamos llegar al mismo resultado, pero necesitábamos más tiempo para determinar el camino a seguir.

Al mismo tiempo, los niños denotábamos mayores habilidades para movernos y ejecutar. Así, se lograba un cierto equilibrio al alcanzar el resultado final. Era muy divertido. Nos quedaba la sensación, que en la unión de los géneros estaba la fuerza, para alcanzar mejores resultados.

Aprendíamos unos de otros y era posible el cambio de roles durante los juegos, lo que facilitaba la aceptación mutua. El que enseña, también aprende del otro.

A veces la sociedad nos aleja con las posturas publicitarias al poner a una mujer lavando platos, usando un determinado producto o sirviendo un alimento a la familia. Mientras que los hombres, se vinculan a la venta de productos en los que aparecen siendo atendidos o simplemente consumiendo.

También está la postura que se exacerba desde el feminismo y lleva a que se victimice a la mujer y el hombre quede como el vil. Igual sucede con los juegos que son propios de niñas o niños, así también colores y vestimentas.

No hay latinoamericano que le ponga a su hijo una falda al estilo de las que usan los escoceses, o que el niño juegue con utensilios de cocina, sin embargo, terminan siendo chef. En este contexto, con respecto a los estigmas de género queda poco espacio para travestis, gays y otras de sus expresiones; todas tan antiguas como la propia humanidad.

No obstante, aunque implica desconsuelo y desvelo ante los abusos y la discriminación, se puede sentir un crecimiento positivo en la sociedad actual con respecto a la diversidad de géneros. Así se puede

ser un funcionario público y reconocerse socialmente su tendencia sexual, por ejemplo. Antes esto era impensable.

Siempre he creído que las niñas y niños se benefician si estudian juntos, pero hay otras posturas. Así, hay colegios para niñas y niños. Bueno, los separa la enseñanza, luego la vida los unirá. Simplemente son opciones que deben tener lugar y no hay razón para oponerse. Es precisamente la posibilidad de elegir, la que nos hace libres. Si mañana a un político, se le ocurre legislar para eliminar la actual diversidad de colegios y proponer su uniformidad, homogeneizando la amplia gama de oportunidades actualmente existente, lo que logrará es más poder para él y menos libertad para nosotros. Esto sucede no sólo en la Educación, sino en todos los ámbitos de la sociedad y el resultado, siempre es el mismo: más control del Estado = menos libertades Ciudadanas.

En el proceso formativo escolar, más de una vez me sentaron al lado de una niña, para que me apoyara en los estudios. Debo reconocer que sufrí mucho, porque por un lado recibía una que otra explicación, que no me llevaba muy lejos y por otra, ella culminaba la tarea y para colmo cuando trataba de ver lo escrito en su cuaderno, se percataba y lo cerraba bruscamente. Sólo me alcanzaba el aire despedido al cierre del cuaderno.

Se buscaba un equilibrio de parejas, atendiendo al género, que lo único que me generaba era más frustración. Creo, que este tipo de opciones de apoyo a los aprendizajes debe ocurrir bajo una guía rigurosa, que más que un apoyo sea una forma de aprendizaje cooperado, ante el cumplimiento de tareas comunes.

Dichas tareas, si hubiesen tenido opciones motrices de presentación de los resultados, me hubiese ido mejor. Ya les comenté que no era malo para el baile y el deporte. La niña podría sentir que cumplir tareas conmigo, también le reportaba ganancias.

Hay que reconocer la presencia de los abusos sociales por razones de género. Las mujeres ganan menos, por el desempeño del mismo trabajo, que realizan los hombres. Es injusto.

La marginación social ha sido significativa y el machismo pulula a toda luz. Está claro que hay que controlar al sexo débil, que evoca todo hombre que agrede a una mujer. No obstante, por gracia divina de su naturaleza y para su bienestar, las mujeres viven más que los hombres. Sabemos reconocer que expresan sus sentimientos con más soltura y soportan con entereza los vaivenes de la vida.

Hay que ser firmes en la búsqueda de una postura de equidad de género, pero esperemos que no se termine mutilando la lengua materna con palabras como "estudiantas", "gobernantas", "motociclistes" (porque simplemente, se busca hacer la diferencia); entre otras. Si al final, también esto es necesario, pues bienvenido sea.

En mi niñez, las niñas jugaban al interior de la casa y los niños afuera. Ahora por razones de conservación de la integridad de la vida todos juegan adentro. Hay que tener mucho cuidado.

Por lo general, las niñas eran más expresivas y cuando querían hablar con nosotros nos íbamos corriendo. Ellas nos veían como tímidos. Cantar, bailar en público para ellas no era ningún problema, mientras que nosotros preferíamos jugar a la pelota o a algún otro deporte. Eso de recitar una poesía, ni jugando.

Ya todo esto ha cambiado con el propio desarrollo cultural de las familias. Lo ideal es que todos, (en honor a lo que se aborda), tengan la oportunidad de participar en los distintos tipos de actividades y que al final, se respete sus expresiones individuales de género, sin estigmas, ni etiquetas.

Lo relevante es que cada persona pueda ser quien se siente que es y que nadie se atribuya el derecho de regir su naturaleza y menos aún violentársela, como tantas veces ha ocurrido y sigue ocurriendo.

En ocasión de pasar por el puesto de inmigración de entrada a Estados Unidos, el funcionario se percató que no había indicado el género en el documento y procedió a preguntármelo. Preciso que era lo más prudente. Me pareció comprensible, no así a mi esposa, que lo consideró una ofensa. Son las percepciones.

Recientemente, un técnico de la televisión nos asistió en el cableado de la casa para obtener la señal. Por su forma de vestirse y peinarse, evocaba la imagen de un hombre, mientras que su nombre era propio del género femenino. Durante la comunicación, evité pronombres, que fuera alusivo al género. Es importante respetar las tendencias de género de cada persona y existen opciones verbales para ello. Quizás a la aludida le hubiese dado lo mismo.

A lo mejor el asunto del respeto a la diversidad de género trascienda a formas como las y los estudiantes, las y los alumnas(os) y se tenga que pensar en muchas más opciones. De paso, legislar sobre los baños apropiados para cada una de las posibles opciones de diversidad de géneros en los recintos públicos.

La sociedad está abierta al debate. Esto es positivo. Mientras que en una pareja, el que asume el rol masculino es la mujer, que a su vez es la gestora del hijo con otra persona, que es el hombre y en la relación asume el rol de mujer. Una opción disarmónica, ante los ojos de muchos y armónica de una pareja, que a todas luces es feliz, mientras la sociedad no se lo impida.

Ser lo que soy, es lo que ha de ser.

Aprender no Implica Sufrir

Una madre no sienta a su hijo en el segundo año de vida, y le dice que le va a enseñar a hablar. Está claro que la actividad conjunta incorpora el habla y facilita su aprendizaje. En la escuela los niños y niñas permanecen sentados mucho tiempo. La escuela debería mantener este mismo nivel de actividad.

¿Cuánto tiempo pasa un estudiante en las aulas durante el proceso formativo? ¿Cuántas horas son dedicadas a estudios teóricos, prácticos e investigativos? Las mallas academicistas dedican más del 60% del tiempo a las actividades teóricas. Esto no es nada bueno para los aprendizajes.

¿De dónde viene la idea de que los estudiantes estén sentados en sillas, unos detrás de los otros, con la mirada orientada hacia arriba, en busca de la figura erguida del profesor? Al estudiante lo miran de arriba y él mira de abajo. También tiene la opción de mirar hacia su cuaderno, con algún riesgo, hacia un costado o puede dedicarse a estudiar la nuca del compañero del frente...

"Seguramente lo que yo estoy diciendo a ustedes sobre la materia no les resulta interesante", señala el profesor a sus alumnos en la clase de la asignatura Proyecto de la Carrera de Ingeniería." "Este contenido es en extremo difícil de entender", sigue apuntando el docente. Pareciera ser que el profesor no dimensiona la relevancia de las motivaciones en los aprendizajes.

Está bien que él dude sobre sus posibilidades de enseñar y muestre ante sus estudiantes, que en esa tarea no le ha ido bien, pero insiste en su rol de profesor, a pesar de sus reiterados fracasos... Eso es comprensible. Lo que no está bien es que anuncie a sus estudiantes que con ellos, le volverá a ir mal una vez más y que no demuestre alguna disposición a cambiar.

Decidirse a mediar en los aprendizajes de un grupo de estudiantes demanda actitud, dominio de campo del conocimiento y habilidades metodológicas que así lo permitan. Saber algo no es garantía de que se esté en condiciones de favorecer que otros también lo alcancen.

La enseñanza – aprendizaje involucra a los participantes en un intercambio que debe dar espacio a las ideas. Así puede un alumno denotar un punto de vista, en aparente contradicción con el profesor. Éste comienza su explicación aclaratoria diciéndole que el alumno no entendió lo que él quería decir. Esto provoca que se rompa la comunicación. Quizás sea mejor decir que no supo explicarse bien, que intentará decirlo de otro modo. Hay que aceptar que no es tan coincidente lo que se piensa, con lo que se dice y lo que el interlocutor logra entender; de lo que se dijo. Mejor sería decir: no supe explicarme, intentaré de nuevo. Esta postura contribuye a que se continúe con el diálogo y facilite la apertura de diversidad de ideas y puntos de vista.

La idea es que se logré un ambiente, que permita no estar muy pendiente del tiempo restante para que se termine la clase. Mi experiencia y espero que no sea la suya, es que las clases nunca terminaban, sentía que el reloj se detenía y nada, había que seguir adelante....

¿Es posible que se trate de escribir lo que dice el profesor y mentalmente estar jugando pelota? Bueno, es lo que realmente hice muchas veces. Aprendí a jugar baloncesto mentalmente, mientras escribía todo lo que podía. En esta faena creció un cayo en el dedo que se apoya el lápiz y, cuando sentía que ya dolía mucho, agitaba la mano en el aire y luego seguía.

De tal manera, lograba fijar lo que seguramente luego se preguntará en el control siguiente. ¡Que descanse en paz el conocimiento(!) Si al final no se entiende lo que se escribe, se reproduce tal cual en la prueba. En última instancia no será el único estudiante que lo haga así, porque otros lo tienen escrito de forma similar, es decir hay testigos para la defensa, a la hora de recibir diversas calificaciones. Mientras más crece el cayo en el dedo, más crece en el cerebro...

Creo que aún quedan docentes que gozan escuchando a sus estudiantes repetir palabra por palabra lo que se dijo clase tras clase, citando incluso sus mismos ejemplos. Dios quiera que no.

Bien lo decía Paulo Freire: educación bancaria, buzones dispuestos en fila, donde los profesores depositan la información para que sea memorizada y posteriormente reproducida en una mal definida evaluación. ¿Dónde están los espacios y las oportunidades para que el alumnado desarrolle el pensamiento crítico?

Un profesor universitario habló de sus desaciertos en las relaciones con los estudiantes. Reconoció haber evaluado y luego no haberse percatado de que había preguntas, donde todos los estudiantes estaban reprobados.

También fue capaz de entregar un resultado de una prueba a un estudiante con la máxima calificación y luego reparar en que había obviado una observación, que hacía que la nota descendiera. Eso provocó mucho llanto.

Es la fecha en que no se sabe si hizo bien o mal. En el momento, consideró que era más justo, que la nota fuera la que realmente había alcanzado. Es un verdadero dilema. Quizás, debió explicarle la imprecisión cometida, que era lo más importante y haberle dejado la nota. También en ese caso, ella se hubiese podido negar a recibir algo, que no le correspondía. Piense y decida sobre ¿qué hacer en una situación así?

No se puede negar que las relaciones pueden ser tensas durante el proceso formativo. Incluso no tenemos claridad de los que ocurre con los estudiantes. Observemos un ejemplo: el profesor intercambiaba con su decano, desde el umbral de la puerta de entrada al despacho, dejando la mano derecha más visible desde la parte exterior. De momento, escucha el sollozo de una persona y mira hacia el lugar de donde provenía. Se apartó de la puerta y fue hacia la joven sollozante, que lo miró dijo:

- Profesor al ver su anillo, recordé tantos momentos tristes que viví cuando fui su alumna.
- Pero cómo – Indagó el profesor y luego añadió. Soy igual con todos mis alumnos y siento que me apreciaban

A continuación, la alumna precisó:

- Yo sentía que tenía predilección por alguno de mis compañeros y se dirigía más ellos, cuando interactuaba con el grupo. Le pido disculpas por lo sucedido
- No, no, yo te pido disculpas por el daño ocasionado. Me hubiese gustado, que me hubieras dicho en aquel tiempo, pero ahora lo agradezco de igual forma y me disculpo – Precisó el profesor, extendiendo la mano en señal de reconciliación.

Hay que ponerse en el lugar de otro y evitar daños a las personas por omisión. Aprender, implica disfrutar los logros y enfrentar con mejoras los desaciertos.

Estereotipos y los Aprendizajes: Un Atentado a la Flexibilidad

Durante la clase de matemáticas, la profesora toma el plumón para representar un círculo en la pizarra y nos preguntó:

¿Cuántos círculos hay?

- Uno (contestamos en voz unísona)

Luego desciende la mano y representa tres círculos y vuelve a preguntar:

-¿Cuántos hay ahora?

- Tres (dijeron algunos) y

- Cuatro (dijimos otros)

Y Usted, ¿Cuántos diría?

La profesora dijo que 4 y algunos dijeron que no, que eran tres, porque fueron representados después y, más abajo en la pizarra.

La profesora precisó que el simple hecho de que estén más alejados tres de uno, no es lo que define la cantidad, es ella en sí misma, independientemente de la cercanía o lejanía y la temporalidad en que fueron representadas.

La profesora explicó que los elementos anteriores están alejados, pero siguen estando en el mismo plano y por tanto se constituyen como un solo conjunto. Para que no resulté así, se debe precisar que son diferentes planos o conjuntos.

Esta actividad fue muy entretenida y todos mostramos disposición a brindar soluciones. La pasamos bien y no había recursos tecnológicos sofisticados. Así quedaron preguntas como las siguientes:

La profesora estaba contribuyendo a que sus estudiantes fueran flexibles y los invitó a que formularan sus preguntas, para evitar que esto sucediera.

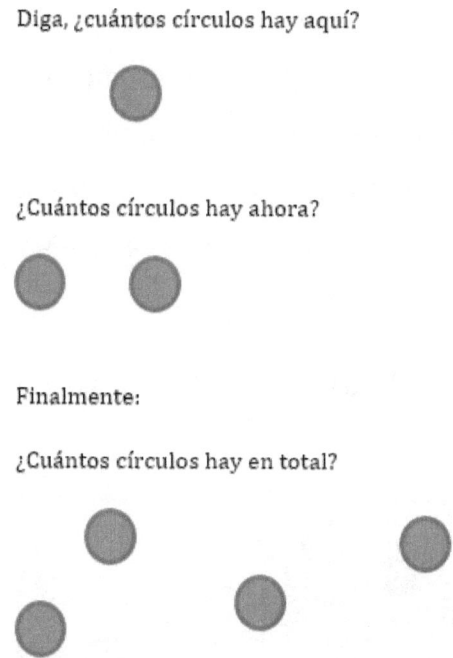

Diga, ¿cuántos círculos hay aquí?

¿Cuántos círculos hay ahora?

Finalmente:

¿Cuántos círculos hay en total?

Con ello, se resaltaba la importancia de formular con cuidado las preguntas. Nos gustaba un taller que hacía, donde nosotros preguntábamos y ella contestaba. Generalmente, los profesores preguntan y los estudiantes contestan. Lo primero que hacía, era que valoráramos si las preguntas estaban bien formuladas, de no estarlos, se procedía a su corrección. Luego ella en primer orden o alguno de nosotros, podía contestarla. Resultaba muy ejemplificante su actitud abierta a que nos diéramos cuenta de que, en algún ámbito del conocimiento, ella también debía profundizar.

Estas experiencias eran muy motivantes y las trataba de compartir con mis hermanos y la verdad es, que no me prestaban mucha atención. Cosas, otra vez de niños, que disfrutan aprender e ir a la escuela.

Siguiendo con las clases de matemáticas, recuerdo que todas las veces, que representaba una cantidad en mi mente, se configuraba de la misma forma. Con el tiempo pude entenderlo. La razón está en su frecuencia en la escuela y la vida diaria. Eso explica por qué es más fácil establecer cuántos hay en determinados órdenes que en otros, por ejemplo:

a) ¿Qué representación de la cantidad 5 es más accesible?

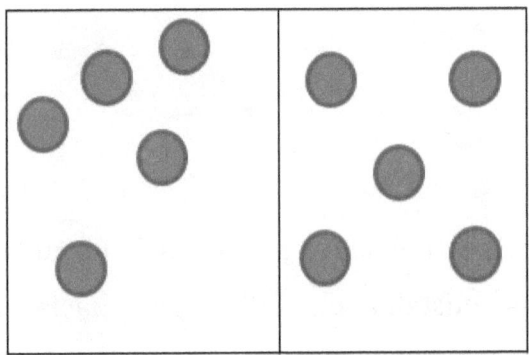

La representación de la derecha es más frecuente que la de la izquierda. Se ejercita y aparece de forma reiterada en los objetos, como es el caso del dado.

Contar objetos en espiral, es una tarea compleja, como es el caso de un racimo de plátanos. Las manos de plátanos se ubican en un espiral que dificulta conservar el orden, poder precisar los que ya fueron contados y quedan por contar.

Recientemente, una amiga fue a un mercado campesino y quería comprar plátanos de freír, pero todo el racimo. Se acercó al comprador, lo saludó y pasó a seleccionar sus plátanos. Tomó el racimo en sus manos, y preguntó sobre el valor y le contestaron que cada uno valía un peso. Afirmó que lo quería llevar.

El campesino tomó el racimo en la mano y de inmediato dijo que el precio era 27 pesos. A mi amiga le asaltó la duda sobre la cantidad y pidió contarlos, lo que fue aceptado por el vendedor. Inició el conteo, enfrentando los espirales y los plátanos y llegó a sentir, que casi ella misma era parte del racimo.

En ese momento, le asalta la angustia de evidenciar ante los demás que no los podía contar, suelta el racimo, lo deja en el suelo afirmando, que efectivamente había 27 plátanos y procedió a pagar la suma indicada.

Tomando el dinero en sus manos y esbozando una sonrisa comprensiva, el vendedor rectificó, indicándole que no eran 27, sino 29 porque le había obsequiado dos. Hay que imaginarse la cara de mi amiga y su salida del mercado digamos, con "el racimo de plátanos entre las piernas" ...

Mi amiga contó de uno en uno y el campesino utilizó una técnica global para contar, que no se enseña en el colegio, pero si forma parte de la práctica.

De tal manera, que a la fecha resulta más fácil contar agrupando cantidades por ejemplo, de cinco en cinco (tres grupos) cuando quiero evocar 15 elementos:

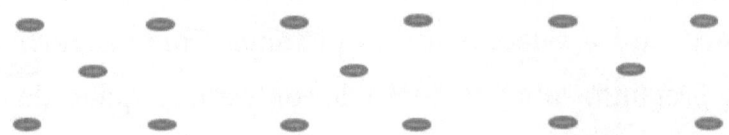

Siguiendo con la idea de que puede dominar un conjunto y no tener idea de sus partes, puedo recordar el aprender a hablar. Nunca nadie me explicó que las palabras tenían sonido, sílabas, que formaban oraciones. Eso no hizo falta, para que aprendiera la lengua materna. Eso fue bueno. Cuando escuchaba la palabra mamá, inmediatamente orientaba la vista hacia ella e incluso, luego usé esta palabra para relacionarme con otras mujeres. Con dos años, era capaz de usar las palabras con sentido de género, pues a los hombres le decía papá.

La palabra mamá, evocaba la imagen de mi mamá y no los sonidos y las letras, que conforman esa palabra. Lo que oía y decía era un todo y, lo importante era que me comunicaba.

Recuerdo perfectamente cuando nos ponían a leer de letra en letra. La R con la A: RA, la M con la A: MA, Luego la unión de las dos sílabas: RAMA. Y continuación la pregunta: ¿qué dice? Y la respuesta: era "no sé". No tenía sentido. Se ejercitaba la forma y se descuidaba el contenido. Ya no era como había aprendido el lenguaje hablado, sin darme cuenta de sus sonidos. Se complicó el asunto.

Las palabras orales eran un todo. No es condición que dominara su composición estructural, para poder emplearlas en la comunicación. Cuando se escucha la palabra 'perro' no se evoca su composición sonora: /p/e/rr/o/. Lo que aparece es la imagen del perro y otras sensaciones más, relacionadas con la interacción con este.

Cuando nos ponían a leer las palabras, pasábamos por la letra, luego la sílaba y finalmente la palabra, que en el lenguaje oral es lo primero. Muy extraño el recorrido. Así, había que deletrear, silabear y luego a leer de corrido. Ese tránsito es complejo. El significado está supeditado al dominio de la forma y eso no es nada bueno para la comprensión.

He visto niños de hoy, que antes de ir a la escuela identifican los nombres de los objetos, juguetes, bebidas. El mundo del lenguaje escrito está muy enriquecido lo que facilita las asociaciones. Me hubiese gustado que me enseñaran a leer del mismo modo.

Si hubiésemos tenido necesidad de dominar los elementos sonoros de la palabra para poder hablar, me hubiese llevado muchos años el asunto. En algunos casos hay niños que se demoran 7 años para llegar a pronunciar el fonema /rr/.

No obstante, hablando del tema, no es para generar estigmas, porque hay niños en el segundo año de vida que son capaces de imitar el rugido de un león, a través de un sonido generado por la vibración reiterada de la punta de la lengua. Magistral logro. Siempre hay que evitar las etiquetas, cuando se habla del desarrollo de personas en particular.

Es relevante observar como un niño utiliza sustitutos sonoros para poderse comunicar y tiene clara conciencia de ello. Así, un niño le dice al padre:

Niño - Papá, papá, el calito está loto

Papá – Sí hijo, el calito está loto

Observador – El niño corrige al padre

Niño – "No se dice el calito está loto, se dice el calito está loto

El niño sabe cómo se dice, pero tiene que comunicarse de forma activa, que es la razón esencial del dominio del lenguaje hablado. Cuando un niño es corregido permanentemente por pronunciar incorrectamente, terminará sin iniciativas comunicacionales.

De tal manera, es importante tener claridad sobre cómo se pretende enseñar y cómo se aprende mejor. Claro, hay que aceptar la idea de que no hay métodos buenos, ni malos, sino niños y niñas y jóvenes que aprenden.

Ante todo, el significado del mundo y sus diversas representaciones.

La Alegría en Casa del Pobre

Al recoger los trabajos calificados era común, que se recibiera con muchos señalamientos que por alguna razón sociopsicológica, se hacían con lápiz de creyón rojo.

Nunca olvido que, en ocasión de recibir devuelta un trabajo escrito, me percato que no estaban las acostumbradas rayas rojas, que ante mis ojos eran surcos delatadores del dolor, que yo provocaba o el propio del profesor. Eso no lo podré precisar nunca. Ojalá, que sólo fuera por mi culpa...

Me extrañó mucho, que dichas representaciones gráficas no estuvieran en el trabajo, como ya dije. Lo único que me quedaba por pensar, era que el profesor no lo había calificado. Fue tal el entusiasmo, que provocó la ausencia de las rayas, que se lo dije.

Me dirigí al profesor con el trabajo en mano alzada y con regocijo viví la oportunidad de decirle, que estaba sin calificar. Ante la situación, el profesor contestó con tono pausado y voz grave con timbre nasal: fíjese bien en los bordes de la hoja, que el cero es tan grande, que no le cabe en su trabajo...

Hasta acá llegó la alegría y volví a mí acostumbrado estado anímico y por supuesto de aceptación de mis bajos méritos. La alegría en casa del pobre dura poco...

El problema era mío y no del profesor. Si el estudiante aprende, entonces él es bueno y el profesor también y si no aprende el estudiante tiene dificultades y ¿el profesor no tiene nada que ver con lo que ocurre?, ¿Y por cuál lado afloja la cuerda? Hay que pensar al respecto.

Hablando de rayas, puedo comentar, que cuando empecé mi vida laboral, me siguieron persiguiendo. Ya para aquel entonces, si llegaba al trabajo unos minutos más tarde, rayaban con rojo mi nombre en el libro de asistencia. Así, me perseguía el rojo de por vida...

Siguiendo con la idea, durante el desarrollo de un examen, los estudiantes de una carrera de Ingeniería Comercial enfrentan a partir de un caso, algunas preguntas, como las siguientes:

1. ¿Cuáles son los pasos o etapas para seguir en una investigación de mercado?

2. ¿Qué opinión, desde el punto de vista del diseño (estructura), le parece a usted el cuestionario?

3. Si el diseño de la muestra fuera probabilístico, ¿Qué método usaría? Explique.

4. Si fuese imposible una muestra probabilística, ¿Cómo obtendría usted la muestra.

5. ¿Lograrán el cuestionario propuesto y el diseño de investigación los objetivos de investigación?

El profesor, al revisar los resultados con el grupo de estudiantes, algunos le reclaman, porque las notas eran bajas en la pregunta 2, si se trata de la **expresión de opiniones y pareceres sobre el diseño**.

En la pregunta 5, una alumna señala que recibió una baja calificación y ella, de forma asertiva, indica que el cuestionario propuesto y el diseño de investigación no lograrán los objetivos de investigación. El profesor argumenta que la calificación otorgada, fue porque la alumna no explicó. Ante lo cual, ella expone que la pregunta no solicitaba. El profesor señala, que debía sobreentenderlo. La alumna insiste en su reclamo y precisa, que las preguntas, que lo requerían, así lo decían y por qué razón esa, no tenía implícito este requerimiento. Es un tema complicado en este caso, no llegó a buen puerto a los estudiantes. Son cosas que pasan y se pueden evitar con dominio metodológico.

También se presentan casos contrarios, como el de mi amiga de la infancia. Ella me contó, que su profesora le pedía a su padre, que le llevara, por ejemplo, al campo y que conociera sobre la vida de las abejas el fin de semanas. Un tremendo disfrute, precisaba ella, indicando que la pasaba bien y que, de tanto comer miel, se había quedado dormida. Se río, acompañando sus recuerdos y continuó con el relato diciendo que, cuando llegó el lunes y fue a la escuela, se quedó maravillada, porque pudo conversar sobre todo lo vivido en el campo. Para ella, fue una feliz coincidencia, pero la profesora lo hizo de forma programada, facilitando su participación en clases. Esto fue genial porque su padre al saber de sus logros, de regreso a casa, entendió, que él también podía cumplir tareas para contribuir a los aprendizajes de su hija. No importa el nivel cultural. Siempre es posible que la familia apoye en los aprendizajes de sus hijos e hijas. Todo un orgullo de padre, en este caso.

Esto de ver la educación desde diferentes puntos de vista, justifica la relevancia de saber lo que piensan los estudiantes sobre su propio proceso de enseñanza. Estando en la Universidad, un estudiante se mostraba inquieto porque no entendía bien la razón de las materias que cursaba. En este contexto, este interroga a otro:

Estudiante, pregunta - ¿quién tú crees que mire más hacia el perfil de egreso, el alumno o el profesor?

Responde el otro estudiante - el alumno

- ¿Hacia dónde miran el profesor y el alumno durante el proceso formativo? – Vuelve a preguntar el estudiante que interroga.

Estudiante - el alumno a graduarse y el profesor a su asignatura

- Sí, yo creo que eso no está bien, dice el que inició el interrogatorio. La verdad, es que yo no quiero ser especialista en anatomía, me hace falta saber de anatomía para poder ser un buen estomatólogo (odontólogo). Creo que debo, dominar de forma muy particular, la anatomía del campo de la especialidad. No entiendo cuáles son los resultados de estos estudios y bajan mis motivaciones hacia lo que estoy emprendiendo como estudiante universitario

Existe la posibilidad de que, el profesor no le confería el sentido del estudio de la anatomía, para la formación de profesionales de la carrera del estudiante. A lo mejor, con ejemplos relacionados con la misma, se pudiera motivar y consolidar las expectativas de los estudios profesionales.

Se clarifica la idea de concebir las actividades docentes, pensando en los estudiantes participantes. Hablando del tema, les comparto el testimonio de un amigo profesor. Él contó sobre un experimento que acostumbraba a realizar en talleres con profesores en ejercicio. Durante más de 15 años estuvo realizando el mismo experimento, con profesores de diferentes países y los resultados han sido de una total coincidencia

Para no perder la oportunidad, experimentemos juntos lo que él hacía en los talleres, conteste la pregunta siguiente: por qué un menor de ocho años puede colocar como resultado de la sumatoria $2 + 2 = 5$. Registre de algún modo sus razones. Le pido, por favor que lo haga y luego continué con la lectura. Gracias.

Lo que pensó, proceda a clasificarlo a partir de las agrupaciones de razones siguientes:

1. Motivacionales: no quiere, no acepta, otras
2. Operacionales: se equivocó al contar con los dedos, no domina la simbología, otras
3. Organizacionales: pensó escribir un número y escribió otro, distracción, otras
4. Capacidad de trabajo: se encontraba agotado, le faltaba energía para trabajar, otras

En general, la tendencia es que, resaltan más las razones operacionales, que otras indicadas con anterioridad. Eso lleva implícito asociar las dificultades para aprender con el saber hacer y, por consiguiente, los docentes reiteran en enseñar estrategias y tácticas. ¿Cómo le fue? ¿qué razones consideró? Será interesante conocer su testimonio al respecto.

Es más importante querer hacer, que saber hacer. Además, pensar que detrás de un mismo resultado, se encuentran personas con diferentes particularidades en su desarrollo y de algún modo manifiestan sus requerimientos de apoyo. Recuerdo, por ejemplo, a Héctor, estudiante del profesor Fernando en 6to Básico. El profesor se frustraba mucho por las ocurrencias del citado durante las clases. En ocasión de estar hablando de palabras con sentido figurativo, Héctor aprovechó y dijo que conocía un matrimonio que ella se llamaban Norina y Simeón. Su testimonio fue mal visto y le provocó un nuevo castigo. Él sigue afirmando que el matrimonió existía y no pudo saber si el ejemplo era apropiado al tema del indicado sentido figurativo de las palabras...

Hay que estar abierto a intercambiar con hijos e hijas y con los estudiantes. Siguiendo este precepto, un profesor dice a sus estudiantes, que es bueno ser sincero y decir lo que se piensa. Uno de los presentes en el aula pide que confirme, que efectivamente se puede decir lo que cada uno piensa sobre el otro. El profesor procede a corroborar lo dicho.

De inmediato un estudiante pide la palabra y le dice al profesor, que él hablaba muy lento y se aburría esperando que terminara de decir, lo que quería decir. Además, que usaba inadecuadamente la expresión "vamos a ver". Molestaba mucho la redundancia. Que debía decir: "vemos" y ya. Alguno que otro empezó a reírse y pensaron que le profesor se iba a sentir mal por las observaciones. Le agradeció la observación de parte del estudiante y todo fluyó con respeto. Siempre hay que pensar lo que se va a decir, cómo se dice y cuándo se dice, para construir y no destruir.

Que la alegría reine y seamos todos felices.

La Diversidad de los Mediadores Sociales

En sus inicios, la psicometría fue un recurso importante para hablar de la persona en situación de discapacidad. Hay que meditar sobre si han cambiado mucho las cosas en esta dirección. Es triste observar a profesores hablando de los niños, niñas y jóvenes utilizando el término coeficiente de inteligencia, desconociendo su dimensión cultural.

Mi amigo me cuenta, que siendo especialista en un centro multidisciplinario para atender a niños, niñas y jóvenes que tenían fracaso escolar, vivió experiencias; que le hacían meditar sobre lo justo y lo injusto de sus prácticas asistenciales.

En ocasión de haber regresado de una larga estancia en el extranjero realizando estudios doctorales, se ofreció para que le aplicaran instrumentos psicométricos. En orientación espacial el resultado fue pésimo. En la parte perceptual nada bueno que decir. Cuando le pidieron que dibujara de forma libre a una persona, ocultó todo lo que pudo, dada sus bajas habilidades manuales.

Eso le costó caro para los resultados finales. Lo peor, fue cuando le pidieron que dibujara una casa y le hizo paredes y la puerta era más alta que las ventanas y para colmo se le ocurrió dibujar una lámpara colgante en su interior. Bueno, acumuló todos los requisitos para ser evaluado dentro de una escala intelectual bien descendida, acompañado de algunas limitaciones emocionales.

Es cierto, sus dibujos seguían siendo los mismos que lograba realizar en su infancia. Por suerte el sol entre las montañas se tornaba en una cara alegre, de ojos grandes y una nariz muy desvirtuada en tamaño y lugar. Claro que a lo mejor se estaban reflejando traumas vividos, anidados en subconscientes, que a lo mejor marcaban límites en la felicidad que él creía vivir. Bueno, podría encontrar por azar algún tarotista, psicoanalista u otro similar que le ayudara a desenterrar algún dolor limitante, que pudiera ser concientizado y así llegar a eliminarlo...

Hay que vivir la felicidad con intensidad, hasta que la vida nos pueda demostrar lo contrario. A veces asaltada por una mirada desde arriba, que aplasta y humilla o por la simple sensación de pensar, que lo malo nos persigue.

Recuerdo que, en ocasión de estar en una escuela deportiva escolar, llegó una delegación extranjera especializada en determinar el talento en los deportistas. Pedro era miembro del equipo de baloncesto. No logró pasar par de pruebas y fue sugerida su eliminación del equipo. Hasta acá llegaron sus sueños. Nadie le dijo para lo que él era bueno, pero sí para lo que no era. Esto amilana el espíritu y se necesita fortaleza para seguir adelante.

Aprovechando la ocasión de lo que se describe y que luego continuaremos, quiero evocar el sentimiento que albergo, mientras escribo las ideas que asaltan. Cuando asistía a las reuniones de padre, así se llamaban, que en realidad debían llamarse "de madre", en alusión a lo que se identifica como malo, cuando se dice dicha frase entre cubanos; la situación era muy compleja. Los familiares perdían hasta sus nombres. Se llamaban como el Papá de María (alumna). Se daban las reseñas generales de los aciertos y dificultades, además de algunos petitorios. Casi todos estábamos sentados, buscando manifestar el mayor "placer" por estar allí, pero resultaba un poco tensa, no se puede negar.

Lo más difícil llegaba cuando alguno de los presentes era mencionado, mediante una pregunta típica:

- ¿El papá de Juan está presente?

- Sí, claro, acá estoy yo, dijo el padre, levantándose con cierta inclinación hacia adelante

- Con usted queremos hablar al terminar la reunión, precisó la directora

- Claro, sí, por supuesto, reiteró el padre, con cierto tartamudeo y rostro algo enrojecido

Así es de complejo el tema, pero para darle un toque de optimismo, vale la pena pensar que le darán alguna tarea específica, que contribuya a la educación de su hijo...

Siguiendo con testimonios, a una madre de un niño de 8 años, estudiante de tercer grado básico, se le indica que tiene un turno asignado con fecha y hora para ser atendido en un centro de estudios multidisciplinarios como en el que trabajaba mi amigo, anteriormente citado.

Sabe la madre, que es como la gota que rebalsa el vaso, luego de tantas llamadas de atención, por los bajos rendimientos escolares de su hijo y los problemas conductuales. Se trata de enfrentar una tarea relacionada con el futuro de su hijo.

Para ella estaba claro, que no iba a ese lugar porque su hijo fuera bueno en los estudios. La cosa estaba complicada y a ella le tocaba salir adelante ante la compleja situación.

Llega el día, se prepara con los mejores recursos de vestimentas para ambos. Madre e hijo salen dispuestos a colaborar y dar el máximo para lograr las mejores opciones favorecedoras de los aprendizajes del hijo y terminar con sus conductas disruptivas, que tantas llamadas de atención acarreaban.

Llegaron al lugar, al entrar se encontraron con la recepcionista, que luego de saludarles, les solicitó los datos personales y le indicó que tomaran asiento. Después de no muy larga espera, salió una Srta., que amablemente les saludó y los hizo pasar a un cubículo.

El lugar era claro, agradable a la vista y rodeado de estantes que guardaban libros y cuadros distintivos de su labor y profesión. La Señorita los invitó a sentarse en dos sillas paralelas, ubicadas al frente del escritorio, que ella ocupó del lado opuesto y, con una sonrisa indicadora de la más plena satisfacción por atenderlos, pasó a presentarse y demostrar mediante palabras, que estaba muy contenta por recibirlos y compartir con ambos.

Finalmente, le dice al niño que lo único que hará, será jugar y le va a gustar. En ese momento el niño levanta un poco la mirada, sin separar el mentón del pecho, manteniendo su cuerpo hundido en la silla. La madre aprovechó para incitar al hijo a sentirse bien en el lugar, afirmando que todo era bueno y para su bien. En ese momento, su cuerpo descansaba en el borde derecho de la silla, buscando estar lo más cerca de su hijo y lograr desplazar su mirada conciliadora, lo más rápidamente de un lado al otro. La madre estaba dispuesta a salir airosa de la situación y lo iba dar todo, para que su hijo diera las mejoras muestras de sus capacidades.

La señorita se sintió segura y empezó con las preguntas:

- Te gusta jugar, preguntó mirando fijamente al niño
- Si, respondió, esbozando una incipiente sonrisa, algo más erguido y con cierto brillo de alegre picardía en sus ojos

El asunto marchaba bien, se abrían las compuertas hacia la aceptación mutua. La madre se sintió más segura y se despegó un poco de su hijo, buscando consolidar la relación solidaria, con la ya más familiar señorita. Estaba saliendo adelante.

La señorita continua con las preguntas:

- ¿Cómo te llamas?
- Luis, contestó el niño, ya relajado y completamente erguido su tórax, mentón y vista al frente. La imagen era divina y la madre dejó a un lado las tensiones corporales
- ¡Qué lindo nombre!, propio de reyes y personas muy conocidas en el mundo, por sus buenas acciones. No había nada que decir, sobre el estado de regocijo, que todos vivían

A continuación, la siguiente pregunta:

- ¿Y cómo se llama tu mamá?

Al escuchar la pregunta, el niño adelgaza su cuerpo y lo hunde de nuevo en la silla, mucho más que al inicio del encuentro. La madre se percata de que la situación se torna desfavorable, vuelve al ángulo de la silla, se acerca más a su hijo y tocándole repetidas veces al brazo izquierdo, lo incita a que conteste:

- Luisi, no te quedes callado, dile el nombre a la señorita, tú lo sabes perfectamente, díselo, díselo repetía insistente la madre, sin que llegara a conseguir, que el hijo volviera a emitir palabra alguna

La señorita desiste de la pregunta y trata de que el niño juegue con ella, pero ya eso no es posible. La madre se derrumba en la silla y bajando la guardia acepta que su hijo tiene sus complicaciones y que no resulta fácil sobrellevarlo. Y dice:

- Así es Luisi, no resulta fácil, afirma con desgano

La señorita abandona su asiento y algo más cerca, trata de tranquilizar a la madre, invitándola a que saquen otro turno y ella los recibirá con mucho gusto.

Salen madre e hijo frustrados del lugar. Apenas lograron estar a una distancia prudente, la madre se detiene, toma al hijo de los hombros y le dice:

- Luisi, ¿por qué eres así?, ¿qué te costaba decirle a la señorita mi nombre?, cuando tú lo sabes perfectamente

Ante lo cual, con mirada firme, el hijo contestó:
- Madre mía, ¿cómo es posible que me pregunte tu nombre? Es que acaso, ella piensa que ni eso sé. Además, lo hizo delante de ti. ¿Por qué no te preguntó tu nombre? Eso me molestó.

La madre lo soltó, lo tomó de la mano y continuó el camino hacia su casa, dejando entrever una cierta mirada de orgullo, por las cosas que le tocaba vivir con su hijo Luis...

La relación con la señorita fue todo el tiempo mediante preguntas y hubiese seguido así en lo adelante, con más respuestas que emitir y determinados problemas a resolver por parte del niño. Es posible que no le fuera tan bien, no lo sabemos. No obstante, responder es difícil. A veces, un burro haciendo preguntas parece un sabio y un sabio contestando, parece un burro. Por eso, es bueno compartir los roles y permitir, que todos hagan preguntas y contesten.

Cualquier niño puede preguntar por determinadas reglas de juegos tradicionales y es posible, que no sepamos contestar correctamente. A lo mejor, alcanzaríamos bajos resultados construyendo una cometa o peor aún, tratando de empinarla.

Se habla mucho sobre las diversas manifestaciones de la inteligencia, pero todavía sigue vigente el coeficiente intelectual. Hay suceso, que son muy llamativos, por ejemplo, una profesora, de una escuela para niños con necesidades educativas especiales en el área cognitiva, vivió el asombro de ver a los propios profesores, de dicha escuela, haciendo fila para que los estudiantes ayudaran con el funcionamiento de sus celulares.

Mirando aquello se puso a pensar sobre la factibilidad de que estos niños pudieran considerar a sus profesores, como personas con necesidades educativas especiales en el área cognoscente, relacionada con el manejo de herramientas tecnológicas. Claro que esa etiqueta no sería justa, como tampoco lo es otra, como la que en algún momento, se ha mencionado con anterioridad en este libro, relacionada con la discapacidad intelectual, por insuficiente interacción cultural...

Hoy, los niños, niñas y jóvenes pueden usar las tecnologías de forma más hábil que sus progenitores. Los padres piden ayuda a los hijos e hijas para resolver situaciones engorrosas con el computador o el celular, por enunciar ejemplos.

La hegemonía sobre el dominio del conocimiento ha ido cambiando con el desarrollo y las fuentes del conocimiento se diversifican y pierden su absoluta entidad, en cuanto a lo que es pertinente o no, y además está claro, no se necesitan los adultos para aprender a navegar en una laptop, pero los adultos necesitan de los más jóvenes para lograrlo. Bueno, nada de quedar en posturas absolutas, es una tendencia.

En la realidad actual que ha llevado al uso universal de las tecnologías de la comunicación, se muestra que en este contexto el apoyo intergeneracional es relevante. Los adultos son importantes en la búsqueda y análisis de información y en el uso los medios tecnológicos con fines formativos. De tal manera, que el aporte se está haciendo mutuo y eso es realmente muy bueno. Lo que es la vida, antes queríamos que la comunicación presencial tuviera más vigencia que la virtual, y ahora, estamos viviendo en sociedad gracias a la virtualidad. Así es de sorprendente la vida.

Debo reconocer, que los profesores son diversos por sus capacidades de incidir en los aprendizajes de sus estudiantes. La posibilidad de elevar la preparación de los docentes no ha sido tarea fácil. A manera de ejemplo, nada más que observar, cómo se llega a concebir una profesión educacional, que se denomina "Profesor Especialista en Dificultades en los Aprendizajes."

A lo mejor si los niños, niñas y jóvenes tuvieran la opción de crear similar profesión la denominarían: "Profesor Especialista en Dificultades en la Enseñanza". Quizás sería lo más justo.

Los profesores con frecuencia dicen no sé qué otra cosa hacer para que los estudiantes logren aprender. Les invade la frustración ante las insuficiencias que registran. Aquí, sale a relucir la búsqueda de los culpables, los profesores culpan al nivel o profesor(a) anterior: "no entiendo, ¿cómo pudo terminar el curso o nivel inferior?", los de la universidad a la enseñanza media, la media a la básica, la básica al preescolar, el preescolar a la familia y la familia a los gobiernos...

Pocas veces se hace referencia al autoanálisis. Es bueno preguntarse qué es lo que no se hace para que aprendan. No creo que sea bueno que siga predominando una filosofía de atención a árboles caídos. Dejamos que los niños tengan fracasos en los aprendizajes y luego se cataloguen con "dificultades en los aprendizajes".

Hay que fijarse en los términos que hacen referencia a la escuela integradora o inclusiva (como dicen ahora), en alusión a la incorporación de estudiantes discapacitados al sistema educacional general.

Aquí, se quiere delatar el carácter segregacionista de la escuela especial. Escuela que surgió, entre paréntesis, como una respuesta ante la ineficiencia de la escuela básica para dar acogida a esta misma diversidad.

Las escuelas especiales son el resultado de la limitación de la escuela general para atender a la diversidad. Surgieron con la finalidad de incluir al segregado. Cuando se decide que las escuelas de enseñanza general sean inclusivas, están asumiendo el reto de lo que no pudieron hacer en algún momento. Habría que observar qué medidas previas se implementan para tamaña tarea.

Por lo regular, a no ser que sea muy evidente, las expresiones de diversidad, según posibilidades de aprendizajes, se observan con mayor intensidad alrededor de los 5 y 6 años, es decir, de forma tardía y generalmente en vínculo con el fracaso escolar. La mediación temprana en los aprendizajes es la mejor opción para que se manifiesten las potencialidades de desarrollo de la diversidad, incluyendo las altas capacidades.

¿Cuál sería el camino para revertir esta realidad? Se necesitan variables de determinación de las diferencias individuales vinculadas al proceso de aprendizaje, desde fases tempranas de desarrollo.

La cobertura de atención a la diversidad debe ser lo antes posible, con un carácter preventivo y potenciador del desarrollo. Los primeros años de vida, siguen siendo descuidados y, al mismo tiempo, reconocidos por todos, por ser muy fértiles para los aprendizajes. Hay que fortalecer la Educación Inicial.

La enseñanza opera a partir de lo que el niño es, no lo de lo que no es. ¿Por qué las caracterizaciones de niñas(os) y jóvenes, que presentan expresiones de diversidad por dificultades en los aprendizajes, están impregnadas de aspectos negativos?

Muchas veces, cuando los profesores requieren que sus estudiantes sean evaluados por profesionales afines al proceso de aprendizaje, como son psicopedagogos, psicólogos y otros, le hacen caracterizaciones, donde destacan sus debilidades y; cuando reciben de vuelta los resultados de los especialistas, encuentran además de las negativas expresadas por ellos, otras más entre las que; algunas resultan poco comprensivas, por la complejidad del lenguaje clínico con que se describen.

Es decir, se fueron malos y regresaron peor... ¿Cuál fue la gracia de dicho proceder? Si al profesor le quedaban esperanzas de salir adelante con los aprendizajes del alumno, le acaban de cortar sus alas...

Hay que vencer esta tendencia, lograr establecer lo que el alumnado sí puede hacer. No hay persona que no aprenda, lo que sí puede aprender, de forma mediada por otro.

La idea es averiguar lo que sabe la niña, el niño o jóvenes, determinar todas las dimensiones del desarrollo. Si una persona no aprende como se le enseña, es porque no se le enseña, como ella aprende como ya se indicó con anterioridad. En ningún caso, el(la) aprendiz establece el campo del conocimiento y su nivel de complejidad. Me inclino a pensar, que las dificultades son inherentes a la enseñanza y no al aprendizaje.

El proceso de aprendizaje comienza con un diagnóstico de entrada y si el alumno no rinde nada, ¿qué se debe concluir?: que la persona no está apta o que el instrumento no lo está. Hay que decidirse. Quizás la persona no esté apta para un nivel de complejidad del conocimiento humano, pero sí para otro. De eso se trata. La tarea está en determinar el nivel propicio de desarrollo. Ello demanda de equipos multidisciplinarios, no puede por razón alguna reducirse a la visión de un especialista del área. Esto debe y necesita cambiar.

Deshacerse del niño niña o joven no es posible, lo único que puede hacerse es cambiar el instrumento, para llegar a precisar lo que sí puede hacer de forma autónoma y con ayuda, para indicar lo que es capaz de hacer. No es bueno oír cuando a un niño le dicen "que es bueno para nada". Lo que se puede decir, es que eso no ayuda para nada, a nadie.

Se trata de conocer el pasado y el presente del aprendiz para vislumbrar su futuro. Consiste tanto en decir, que fue del aprendiz sin el apoyo pertinente y que será de él, en un contexto formativo adecuado. Esa es la visión optimista y desarrolladora, que necesita la escuela respetuosa de la diversidad.

Hay que recordar esos días de clases que lo único que se hace es oír al profesor. A veces por semanas consecutivas. Él, como principal protagonista, y luego a correr a cumplir tareas y más tareas. Es como si fuera un cambio de turnos. En el caso, los profesores en activo y los estudiantes en pasivo y luego el cambio. Era un tránsito de roles: actor – espectador. Siento que lo ideal para no caer en el tedio, es que todos estemos siempre activos y en particular, los que aprenden.

Los estudiantes con frecuencia no encuentran la razón de ser de las asignaturas, que sus profesores le imparten de forma simultánea. A su vez, los mismos profesores no tienen claridad de lo que tratan sus colegas, desde sus campos disciplinarios. Es necesario que logren ser más colaboradores y se articulen. Mientras, el aprendizaje ocurre en una especie de jungla educativa, que lleva a adoptar posturas de sobrevivencia.

Recuerdo un compañero en la universidad, que todos los semestres tenía una pérdida en su familia para justificarse y no presentarse a uno que otro examen. Pensaba que a ese paso se iba a quedar sin familia durante el transcurso de la carrera...

Me llamó la atención que en un mismo día los estudiantes universitarios podían tener, por ejemplo dos exámenes finales. Incluso en el primer semestre de la carrera. Medio extraña la cuestión. Se debería velar por la carga de estudio autónomo de los estudiantes y paulatinamente, ir elevando la complejidad de los contextos formativos, que lleven a enfrentar situaciones de alta complejidad en la vida profesional futura.

Se sabe de estudiantes, que son brillantes durante los estudios universitarios y luego sucumben, cuando tienen que asumir situaciones laborales estresantes. Hay que ejercitar la inteligencia emocional.

Al igual que un padre no admitiría, que durante la práctica de levantamiento de pesas, su hijo de 15 años ejercite levantando 200 kilos, porque le podría afectar su columna, también sucede del mismo modo, cuando las cargas de trabajo mental son desmesuradas. La idea, es llegar a levantar los 200 kilos, pero con ejercitación paulatina, para el bien del cuerpo y de la mente.

En la educación superior, por ejemplo, no se puede desconocer que los docentes generalmente son profesionales, que incursionan sin tener una preparación didáctica previa para ello. La postura metodológica que siguen es de naturaleza intuitiva y recorriendo caminos similares a los que ellos pasaron, cuando eran estudiantes.

Muchos de ellos, son miembros de familias con tradiciones culturales sólidas y estudiaron en contextos de alto grado de homogeneidad, según potencialidades de los grupos de estudiantes y docentes a cargo de la formación: círculos de riqueza cultural.

El hijo de un amigo, de 9 años, estando en cuarto grado, cuenta a sus compañeros sobre cómo es él. Se ubica al centro del aula, erguido en la plenitud de una persona segura de sí misma, comienza a exponer su experiencia de vida:

- Hola a todos, ok, soy asperger, pero no significa que soy raro, sólo soy diferente, no taaan diferente; pueden tomarse las cosas (las que le dicen) literales, como que te digan un dicho, no sé, pero ese no es el punto. Las personas asperger a veces son un poquito energética. ¿No es verdad que a veces te sientes aburrido? (pregunta a los presentes). En lugar de quedarse sin moverse, hacen esto (sale corriendo, provocando risas en el aula). No todos somos iguales, pero a mí, sí me pasó. Además, un asperger puede oír como 20 sonidos a la vez, como muchos sonidos (invita a que todos hablen y luego precisa): pude oír todas las voces a la vez: las de Pedro, Rosa, Richard, no todas, sí porque fueron tantas. Este no es el punto. Además, puede sentir un olor, que nadie puede sentir, él lo puede sentir un poquitisimoooo y puede darse cuenta, si además hay un olor muy fatal, como 30 peos en esta sala, lo puede sentir y da un ataque cardíaco (todos ríen)

A continuación la profesora le hace una pregunta:

- ¿Dices todo lo que piensas?
- Eso le pasa a cualquiera, a mí no me pasa (precisa el niño y continua su exposición desbordada de alegría, al seguir hablando sobre él. Se respiraba una brisa de plena aceptación en los presentes
- Es que tú eres milenio (apuntó una de las participantes en un encuentro de diversos plenamente integrados)
- Jajajaja (sonríe el expositor, en lo que abandona el estrado, acompañado de voces alegres y espontáneos aplausos)

Un canto a la diversidad. Todos, a lo mejor quisiéramos ser como él. Aunque no es nada bueno que le digan a las niñas, niños y jóvenes, que deben ser como alguien en particular; lo ideal es que se sea, como es cada uno, así como es el hijo de mi amigo.

Los profesores son tan diversos, como sus estudiantes y sólo un profundo respeto por los que practican esta profesión, puede llevar al logro de una educación de calidad. La educación desde la familia, pero siempre con el insoslayable protagonismo de la escuela.

Respondiendo a las Preguntas Iniciales

Comenzamos el dialogo sostenido con unas preguntas, que ahora intento en síntesis contestar:

- ¿Qué se puede y qué no se puede en la relación con el otro?

Respuesta: nacimos libres y debemos contar con un entorno social, que respete esta ineludible condición de la existencia humana

- Si no exploro estoy mal y ¿Si exploro, qué?

Respuesta: resolvamos las contradicciones intergeneracionales, sin que vaya en detrimento de la curiosidad del aprendiz, que es el que lleva el peso de la conservación y enriquecimiento de la cultura humana. A fin de cuentas, TODAS y TODOS, fuimos, somos y seremos permanentes aprendices. ¡Esa necesidad de aprender, es inevitable en lo humano!

- ¿Cuándo estoy bien?, ¿Cuándo están bien?

Respuesta: todos estamos bien cuando se respetan los puntos de vistas personales, sin ahogarnos con los estereotipos y las supuestas y absolutas verdades.

La única constante emana del AMOR: AMÉMONOS

GRACIAS